안전은
사랑입니다

임상기 지음

어느 소방관의 이야기
안전은 사랑입니다

1판 1쇄 발행 2025년 6월 13일

지은이 임상기

편집 이새희
마케팅·지원 이창민

펴낸곳 (주)하움출판사   펴낸이 문현광

이메일 haum1000@naver.com   홈페이지 haum.kr
블로그 blog.naver.com/haum1000   인스타 @haum1007

ISBN 979-11-7374-086-2(03810)

좋은 책을 만들겠습니다.
하움출판사는 독자 여러분의 의견에 항상 귀 기울이고 있습니다.
파본은 구입처에서 교환해 드립니다.

이 책은 저작권법에 따라 보호받는 저작물이므로 무단전재와 무단복제를 금지하며,
이 책 내용의 전부 또는 일부를 이용하려면 반드시 저작권자의 서면동의를 받아야 합니다.

목 차

삼풍 건물붕괴 현장을 기억하다   6

A씨의 황색 고통   17

나는 죄인이로소이다   27

안전은 실천이고 사랑이다.   38

행복한 사람   46

복 받은 자와 미친놈   63

1승 1패   68

3일간의 숨바꼭질 이야기   71

자신을 삼켜버린 메아리   75

교통안전이란 무엇인가?   81

성냥갑속의 박쥐들   107

안전운전과 친절   113

K씨의 하얀 슬픔 117

둘이서 손잡고 121

건강을 위한 실천 124

내가 만난 이 시대의 명의들 128

함께 하는 삶 136

지성(至誠)이면 감천(感天) 142

고정관념(固定觀念) 147

아이고! 늙으면 죽어야 되야! 150

어느 형제의 이야기 153

큰 것과 작은 것의 차이 155

돈을 가마니로 벌었다는 사람들 157

나이테의 세상보기 161

다시 태어나도 이 직업을 166

회상(단상) 169

삼풍 건물붕괴 현장을 기억하다

　1995년 6월 29일 발생한, 삼풍백화점 건물 붕괴사건에 대하여 필자가 말하고자 하는 것은, 당시 119구조대원으로 사건 발생 즉시 비상소집에 의하여, 현장에 투입되어 마지막 현장 철수 할 때까지, 겪었던 일들을 생각하며, 사람이 살아가면서 이런 일도 있구나! 잠시 되돌아보는 순간을 글로써 써보고자 한다.

　당시 보도한 매체에 의하면, 성수대교 붕괴사고 후 240일 만에 발생한, 충격적인 사건으로 사망 502명, 실종 30명, 부상 937명, 재산적 피해 3,460억 원을 가져왔다고 한다.

　그렇다면, 문제의 삼풍(三豊)백화점 측, 그들이 말하는 3가지의 풍족함은, 무엇을 말하는지는 자세히 모르겠으나, 필자는 이들이 3가지의 바람(三風) 그 이상으로, 머릿속에서부터 발끝까지 가득 들지 않았나 싶다.

　안전 불감증에서 오는 이런들 어떠하리. 저런들 어떠하리. 모든 것이 돈이면 다 돼! 안되는 게 없어! 절차의 시간을 무시하는, 앞뒤를 가리지 않은 망각 된 허상에 의한 자아도취로, 부실시공, 불법 설계변경, 임의적인 용도변경, 불법으로 한 계층 더 올리기, 공사가 40% 진행된 상태에서 영업 허가를 받았다니! 모든 것을 의심하지 않을 수가 없지 않은가? 부정적 태생의 시작을, 정상적으로 되돌리기는 쉽지는 않다고 보아야 할 것이다.

사건 당일 긴급 비상 소집되어, 현장에 도착하여 주변을 살펴보니, 온통 폭발 현장과 같았다. 여기저기 흩어져 있는 많은 종이류와, 바람에 날린 듯 한 흙먼지가 쌓인 상품들, 처참하게 무너져버린 건물의 앙상한 철제빔과, 뒤엉킨 철골들의 콘크리트 잔해더미, 피비린내가 코를 자극하였다. 한편에서는 화재가 발생했는지! 소방 선착대가 진압을 하고 있었다.

우리들은 해가 지고, 어두워진 어둠 속을 개인 후레쉬를 비추며, 무너진 철제빔 공간을 찾아 건물 잔해 속으로 들어갔다. 여기저기에서 신음 소리가 들려왔고, 아~저 씨! 살려 주세요! 라는 희미한 음성의 도움 요청이 있었다.

어두운 공간에서, 준비된 장비가 어디에 있겠는가? 있다고 해도 활용할만한 공간이 없었다. 공간이라야, 불 안전한 상태에서 한두 사람이, 몸을 낮추어서 기어 다닐 정도의 상황이었다.

요구조자를 발견 하면은, 간단한 장애물을 제치고 눕혀놓고, 만능들것을 안으로 들여보내어, 요구조자를 안전하게 들것바구니에 옮긴 후 밖에서 끌어당겨, 현장 주변에 대기하고 있던 119구급대를 호출하여, 인계한 후 병원으로 이송 하도록 조치하였다.

　우리는 그날 밤 23시경에, 명에 의하여 다음 구조대에게 현장을 인계한 후 소방서로 돌아와 귀가 하였다. 다음날 출근 즉시 현장으로 출동하여 임무를 수행하였다. 우리 구조대가 현장으로 출동 할 때면, 모든 차량들이 한쪽으로 질서 정연하게 피양 하였다. 누가 시키지도 않았는데 시민들의 적극적인 협조가 있었다.

　날씨는 7월의 더위가 시작 되었고, 날이 가고 시간이 지나가면서, 피비린 냄새가 변하여 변질 된 간장 냄새로, 그리고 여러 가지 부패 된 냄새로 변하여갔다. 더위 속에서 작업하기가 힘들어졌다.

　목이 탄다 해도, 누가 물 한 모금 가져다주지 않았다. 장갑이 다 해어져도, 속옷이 다 젖고 작업복이 땀과 흙먼지로 범벅이 되어도, 잠시 쉴 만한 그늘 막도 없었다. 우리에게 도움을 줄 만한 상급 부서도 없었다. 그렇다고 구조작업을 멈출 수는 없었다.

　사건이 발생하고 이삼일이 되던 때에, 인근 교회에서 점심을 챙겨주었다. 그리고 곧바로 삼성 복지재단 에서 구조 작업현장 가까이에, 간이 지원 센터를 설치하고는 우리들의 구조대를 적극적으로 지원 해주었다.

　물과 각종 음료, 식사, 필요한 소모품, 속옷, 그리고 구조대에서 보유하고 있는, 이외의 간단한 현장에서 필요한 장비와, 그에 소모되는 것을 신청하면, 즉시 도우미를 시켜서 구조작업 현장까지 가져다주었다. 작은 병참 역할을 해주었다.

나는 삼성 자체 방송단과 인터뷰에서, 삼성의 도움이 없었다면, 구조 작업을 하기가 매우 힘들었을 것이라고 말을 했다. 적절한 시기에 많은 도움을 주어서 감사 한다고 말하였다.

이후에도 삼성에서, 지방에서 구조 작업을 지원하러 왔던 119구조대원들이, 무더운 날씨에 구조 버스 안이나, 도로 변에서 휴식하고, 간이 밤잠을 잘 때, 에어컨이 설치된 컨테이너 간이휴게 시설 몇 개를 마련 해주었고, 소화전을 연결한 간이 샤워 시설도 갖추어주었다. 삼성 복지 재단은 건물 붕괴사건이 재난 지역으로 선포되자 철수하였다.

재난 지역 선포가 말이 좋아서이지! 우리들은 아무런 도움도 받지 못했다. 삼성이 철수 한 뒤로, 우리들은 더 힘들게 마무리 작업을 할 수 밖에 없었다. 그나마 다행인 것은 구조 작업이 다 끝날 무렵이 되었으니까 말이다.

사건 발생 15일이 지나가고 있을 때는 날씨는 더 더워지고 시신 발굴 작업은 더디어졌다. 이제는 더 이상 구조대가 보유한 장비로는 작업의 한계가 되었다고 판단되었다. 중장비 없이는 시신 발굴 작업을 계속할 수가 없다고 우리 팀은 의견을 모았다.

지휘부의 판단도 중장비를 투입 하느냐? 마느냐? 이론으로 중장비를 투입하여 작업하면, 만에 하나 살아있을 수 있는 사람에게 피해를 줄 수 있다는 것이고, 우리들의 주장은 더 이상 시신이 상하게 하지 말고, 신속히 발굴하여 유족들에게 돌려주는 것이 바람직하다는 것이었다.

우리가 발굴 작업을 하고 있을 때, 60대 중반의 남자분이 옆에서 바라보고 있었다. 나는 어떻게 여기에 오셨느냐고 말을 건네었다. 그분이 말하기를, 자신은 충청도에서 중장비 대여업을 하고 있는데, 도움을 줄 수가 있을까 하여! 이삼일 전에 중장비를 싣고 현장에 왔는데, 지휘부 누군가가 말하기를, 지금 현재 중장비를 투입하면 안 된다고 말을 한다. 나도 이제는 더 이상 기다릴 수가 없어서, 되돌아갈 생각 중에 있다는 말을 하였다.

한 두 대도 아닌 여러 대의 장비를 가지온분 한태, 단순하고 생각이 깊지 않은 개인의 판단을 말을 한다는 것은 잘못된 것이라고 생각 되었다. 나는 즉시 그분에게 나와 함께 지휘부로 갑시다. 가서 최종 판단을 들어 봅시다. 말을 하고서는 둘이서 현장 지휘부로 갔다. 나는 지휘부 측에 정식으로 그분을 소개하였다.

그분의 말을 들은 지휘부는 잠시 기다려 달라고 말을 하였고, 나는 이제는 구조대 장비의 활용으로는 한계가 왔다. 중장비 투입의 필요한 상황임을 진술 하였다. 이 일이 있고 몇 시간 뒤 중장비에 구조대원을 탑승시켜, 현장 확인 작업하기로 하고 장비 투입이 결정되었다.

여러 대의 중장비가 이곳저곳에 분산 배치되어 작업이 시작 되었다. 중장비가 움직일 때면 장비 관리 회사명과 로고가 선명하게 취재진의 카메라 비추어, 현장 상황이 뉴스로 방영 되었다. 하루가 지나자 다음 날! 장비 관리 회사명과 로고가 현대건설로 바뀌었다. 현대건설의 어떠한 작용이 있었음을 짐작할 수가 있었다.

필자는 작업 중에 맨 마지막 457번째 시신을 발굴 하였다. 당시 S대 2학년 남자 학생, 신체 건강하고, 몸집도 크고, 잘생긴 얼굴에, 귀 거리를 하고, 비싸다는 최고급 농구화를 신고 있었다.

건물 붕괴 사건이 있고 난 다음 날! 해가 질 무렵 현장 주변 주유소 한편에 하나의 텐트가 설치되었다. 40세 중반의 한 남자가 텐트의 주인이었다. 그는 이곳저곳 119구조대 작업현장을 다니면서, 구조대가 무엇이 필요한가를 물어보고 심부름을 하였다.

나는 그 사람에게 말을 건넸다. 무슨 일로 자원봉사 하다시피 이곳저곳을 다니면서, 구조대 작업 현장을 돕고 있느냐고 물어 보았다. 나는 회사 다니는 사람인데, 자기의 큰집 조카가 이곳에서 사고를 당하였다고 하여, 회사에 사직서를 내고 조카의 시신이라도 수습하려고 왔다고 말을 하였다.

나는 순간적으로 큰 감동을 받았다! 요즈음 이렇게 각박하고 살기 힘든 세상에! 큰집 조카를 사랑하는 마음을 가지고, 자신이 다니던 회사에 사직서를 낼 정도의 삼촌 아니면 작은 아버지가 있다는 말인가? 얼마나 화목하고 형제의 우애가 깊은 집안인가? 대단한 가문의 한 장면을 보는 것 같았다.

하늘도 감동 했을까? 그의 정성은 대단했다. 그 작은아버지 조카 C군은 건물 붕괴 사건이 있었던 수일이 지나고, 119구조대에 의해서 살아 있는 상태로 무사히 구조되었다.

C군이 발견 되었다는 소방 무선이 날아가자, 현장에 있던 119구조대원들이 현장으로 모여 들었다. 당시 서울 소방본부 강 원도 본부장도 현장으로 달려왔다. 그동안 시신 발굴도 소강 상태여서인지 현장 분위기가 갑자기 웅성웅성 거리고, 모두가 흥분된 상태였고, 잠시 질서가 흐트러졌다.

본부장은 몰려든 대원들에게 침착하라며 그의 모자를 벗어 휘~ 젖었다. 이 장면이 TV뉴스에 고스란히 나가자 이를 지켜보았다는 한분께서 아니! 누가 고생하는 구조대원을 때린단 말인가? 그 사람이 누구냐고 물어보았다? 강 원도 본부장 이라고 말하면, 왜! 서울 본부장이 아닌 강원도 본부장이 구조대원들을 때려! 그게 아니구요! 서울 본부장 이름이 강 원도입니다. 웅! 그래! 라고 말을 멈추었다.

이 사건이 있은 후! 10년이 지나 C군의 친구를 업무수행 중에 우연히 만났다. 이야기 중에 그 친구가 C군이 제 친구인데요! 라고 말을 했다. 나는 그에게 말하기를 앞서 있었던 일들을 C군에게 반드시 말하라고 당부했다.

우리는 장소를 옮겨가며 시신 발굴 작업을 하였다. 오전부터 한 장소에서 작업을 하는데, 군복을 입은 현역중사 계급장을 단 사람이 우리 옆에서, 자리를 떠나지를 않고 앉아 있다가 섰다를 반복 하면서 다른 곳으로 가지를 않고 계속 머무르고 있었다.

나는 그에게 다가가서 무슨 일이 있느냐고 말을 건넸다. 그가 말하기를 내 여동생이 이곳에서 사고를 당하였는데! 사고 장소가 이 부분 같아서 작업하는 것을 지켜보고 있다고 말을 했다. 나는 그것을 어떻게 아느냐고 그에게 물어 보았다. 그가 말하기를 자기 여동생 여자 친구가 병원에 입원하고 있는데, 병원에 찾아가서 어떻게 이런 일이 있었느냐고? 자세히 물어 보았는데 말을 해주었다고 한다.

사건 당시 자기 여동생과 친구가 약속하여 만나기로 하고, 백화점에서 근무하는 자기 동생을 찾아 갔다고 한다. 동생이 일을 마치고 친구와 함께 백화점을 막 나왔는데, 동생이 아! 물건을 놓고 나왔네! 라고 말하여 둘이서 다시 백화점 안으로 들어가, 사무실에서 물건을 챙겨 들고 나오는데, 갑자기 건물이 심하게 흔들리며 무너졌고, 순간! 동생 친구는 풍압에 의하여 몸이 날아가, 백화점 옆 아파트 베란다에 걸쳐 있다가, 집주인의 119 신고로 구급대원에 의하여 병원으로 이송되어 치료를 받고 있고, 자신의 여동생은 건물 내부에서 나오지 못하고 묻히고 말았단다.

동생 친구에게 자기 여동생이 어느 지점에서 사고를 당하였는지를 물어보았다고 한다. 이 이야기를 듣고, 나는 사람이 날아갈 정도의 대단한 풍압이 있었다는 것을 알게 되었다. 사람이 살아있다는 것과 죽음의 갈림길이 한순간에 있다는 것도 알았다.

우리가 현장에서 인명구조 작업을 하는 중에, 인근 구조대에서 여러 명의 미화원들이 무너진 건물 잔해의 공간에 갇혀있는 것을 발견하고, 안전하게 구조작업을 하였다. 이들이 갇힌 공간은 건물 기둥과 피난계단참 아래 안에 있었다.

이들은 운이 좋았다고 보기 보다는 그 화려한 백화점 특성상, 안전하고 쾌적한 한 공간을 이들이 쉴 수 있는 휴식 장소로 내어줄 사측이 아니지 않은가? 이들은 항상 사람의 눈에 띄지 않고 필요한 시간에만 잠시, 각자 자기 할 일만 하면 되는 건물 내에 대기하는 일부분의 사람들이다.

그 사람들이 스스로 건물 내 한 지하실 귀퉁이 말썽이 되지 않을만한 곳에, 그 들만의 휴식 공간을 차렸을 것이다. 바로 이 휴식 공간이 이러한 큰 위기의 상황에서, 생명을 안전하게 보전할 수 있었던 장소가 되었다는 것을 누가 알기나 했을까?

구조작업을 하던 중에 사람의 발이 발견 되었다. 발 주변을 흘러내리는 토사를 제거하면서 조심스럽게 파헤쳐 가며, 요 구조자의 하반신을 드러나게 하고 계속하여 상반신까지 그리고 목 부분까지 토사를 제거하였다.

아! 이럴 수가! 남자의 목덜미를 가로질러 여자의 시신이 짓누르고 있었고, 여자의 시신이 커다란 철제빔을 따라 길게 몸 전체를 누르고 있었다. 사람이 죽어도 이렇게 죽을 수 있단 말인가? 우리는 현장 교대시간이 되어서 다음 구조대에게 사건 현장을 인계하였다.

 필자는 배수구 없는 화분 실용신안 특허권자로 결과물을 얻어내기까지 작은 꽃나무(풀과 식물)를 가지고 연구 하였다. 실험 하면서 뿌리가 부패하면 약간의 냄새가 나는 것을 알았다. 이렇게! 아무리 작은 것도 그 크기에 따라서 정도에 맞는 냄새를 발생한다.

 그러면 사람은 어떡할까? 사람도 예외는 아니다. 사람은 온갖 것을 음식으로 취하고 있다. 사람마다 각각의 정도의 차이는 있겠지만, 동물 중에서 사람의 냄새가 가장 심하지 않을까? 하는 생각을 한다.

 우리 팀이 시신을 발굴하여 수습하면서 한번은 여자 시신을 수습하였다. 이 시신을 수습한 후, 우리들은 며칠 동안 곤혹을 치러야만 했다. 아무리 목욕을 깨끗이 하고, 씻고 또 씻고 해도, 몸에서 냄새가 나는 것 같고 누가 이 냄새를 맡으면 어떻게 할까? 하는 온갖 생각이 들었다. 사건이 있고 난 후 친구 약사에게 이 이야기를 하니까? 사람이 술을 마시고 죽으면 냄새가 심하게 난다고 말을 했다.

 건물 붕괴사고 현장 처리가 다 끝나갈 무렵에 현장 전체를 둘러보았다. 무너져서 망가진 공조기 닥트에 누군가가 낙서를 해놓은 것을 보았다. "사람답게 살고 싶다" 왜? 누군가는 어디에 사람 사는 기준을 두었을까?

 신세타령을 했던 사람은, 화려한 백화점을 출입하던 사람들의 의복과 신발, 장신구, 돈 씀씀이, 그들의 고급스런 차량 등, 그 이상의 무엇을 보았을 것 같기도 하고, 자기 상사인 누군가한테 지청구를 받아서 속이 상하였는지도 모른다.

　구조작업을 하면서 현장에서 발견되던 많은 손지갑 속에는, 여지없이 담배가 들어 있었다. 이 작은 손지갑이 백화점을 출입하던 손님들 것보다는 종사원들의 것이 많았을 것 같다. 왜! 이들은 많은 담배를 피워야만 했을까? 그들의 속상함, 자기 비하 의식, 맹목적을 담뱃불에 태워 버리고, 연기 속에 망각의 순간들을 날려 보내었는지 모른다. 이제 그들은 모두가 사라지고 말았다.

A씨의 황색 고통

(주먹으로 저 추위를 깨뜨려라!)

예전에 좀처럼 겪어보지 못했던 강추위가 연일 계속되고, 눈도 폭설(暴雪)이라 말할 수 있을 만치 그 어느 해보다도 많은 눈이 내렸다. 27년 만의 한파(寒波)라고 사람들은 말한다. 나 자신도 추위를 모르거나 느끼지 않는 것은 아니다. 매일 밤 21시의 텔레비전 뉴스는 추위 관련 소식을 내보내면서 영하 몇 도라고 빼놓지 않고 전하고 있다.

추위가 추운들 얼마나 추우랴! 주먹을 불끈 쥐고 이 주먹으로 깨뜨리고 말 것이다. 어금니를 꽉 물고는 깡다구를 부린다. 그까짓 것! 뭐가 대단하다고 겁을 주나! 날씨 자체를 인정하지 않으려고 단단한 각오를 했다. 거리를 나설 때면 웅크리지도 않고 가슴을 쫙 펴고 걷는다. 사실 며칠 전만 해도 내가 이렇게 담대하게 하지는 못했다.

지금은 해가 바뀌어 계사년(癸巳年)이라고 하고, 지난해를 임진년(壬辰年)이라고 말하고 있다. 지난해 12월 29일 새벽 2시경에 양천구 신 트리에 있는 한 아파트에서 화재가 발생했다. 출동지령 방송 내용이, 화재 발생 장소가 양천구 신정3동 신 트리 아파트라고 한다. 아-니! 신 트리 아 파트라니~ 신 트리! 신 트리! 관내에 소재하는 아파트를 돌이켜 보아도 언뜻 생각이 떠오르지 않는다.

이상하다! 신 트리 아파트가 어디에 있지? 신정3동에 신 트리 아파트가 있나! 신 목동 아파트는 있는데! 우리 관내가 아닌 이웃 119센터 관내에 소재하는가! 하면서 출동지령 상황을 보니 관할 화재현장에 반드시 함께 출동해야 할 119구급대가 출동을 하지 않고 있다. 아니! 왜! 출동하지 않느냐고 물어 보았더니? 이웃 신정 119구급대가 출동한다고 한다.

이곳은 서울에서 유일하게 신정3동에 119 소방 안전센터가 두개 나 있다. 그러면 신 트리 아파트가 이웃 119 소방안전센터 관할이 확실하다고 단정하고, 소방 차량 내 지령 내비게이션만을 믿고, 안내하는 대로 화재발생장소로 출동을 했다.

지령 내용대로 현장 부근에 도착하니, 먼저 도착한 이웃 119구급차가 길가에 멈추어 있고, 대원들이 밖으로 나와서 손짓을 하면서 길 안쪽으로 안내를 한다. 길 안쪽으로 접어든 순간 아-차! 이거 뭐가 잘못 되었다! 이곳 주변에 무슨 아파트가 있단 말인가? 어째서 관할 소방대는 가까운 거리에 있는데도 왜? 출동하지 않았단 말인가? 엉!! 이거 뭐가 잘못되었다. 잘못 되 었 어!

지령센터와 무선 교신을 하는데, 뒤쪽 큰길가에서 왱~! 왱! 왱! 왱! 하면서 여러 대의 소방차가 우리 관할 쪽으로 달려가고 있다. 빨리 차를 후진하여 차를 돌려라! 차 차를 돌려!! 앞서가는 소방차를 따라 잡으라! 그리고 아파트 후문 쪽으로 진입하라!

우리 119 소방안전센터가 있는 곳으로부터, 매우 가까운 거리에 소재

하는(약 300미터) 신 목동 아파트 4단지 4동 복도식 아파트 11층에서, 힘차게 휘몰아치는 검은 연기와 붉은 불길이 위층을 향하여, 외부로 출화 하면서 치솟았고, 검은색 짙은 연기가 아파트 건물 주변을 감싸며, 겨울철 방풍용 유리창으로 닫혀있는 복도 안에 가득히 채워지고 있었다.

어처구니없게도 현장 도착 8분 40초 상당한 시간이 소요되었다. 불길에 놀라고, 집안으로 새어드는 연기에 놀란 이웃, 위층, 아래층에 사는 주민들이 놀라, 대피하느라 아우성치고, 혼비백산이 되어 있었다. 어떤 사람들은 연기를 많이 먹었다고, 화재현장 아래에 대기시킨 119 소방구급대 차를 타고 병원으로 이송되고 있었다.

동료직원을 대동하고 발화 장소로 뛰어 올라갔다. 대피할 비상계단을 찾는 흥분한 주민들에게, 침착하게 대피하도록 유도조치 하고, 화재가 발생한 집 현관 입구 옆에서 로프를 아래로 던져서, 견인한 소방호스를 끌고 출입구로 접근 하였다. 먼저 출동한 타 소방대 직원 2명이 소방호스로 출입문 앞에서 화재를 진압하고 있었다.

불은 현관 입구 작은방에서 출화하고 있었고, 집안 쪽으로 번지며 타 들어 가고 있었다. 화염과 뜨거운 열기가 가득한 거실, 안방 안으로 정신없이 방수 하면서, 신속하게 건물 안으로 들어가 화재를 진압 하였다. 이곳저곳을 검색하고 상황을 살폈다.

검색을 하는데, 이게!! 무슨 소리야!! 희미한 고양이 우는 소리 같기도 하고, 새끼 강아지 울음소리도 같은 끙으응~흥, 흐흐~흥흥 소리가 들려

왔다. 아니야! 이것은 사람 소리가 분명하다! 사람이 안에 있어! 신경이 날카로워지고 몸이 오싹 긴장된 순간이었다.

아! 동물 신음소리 같은 그 소리! 지난번 공항시장 화재 시, 내 동료가 나와 같이 불구덩이에 갇혀 살려 달라고 울부짖던, 그 짐승 같은 소리! 소리의 크기만 달랐다면, 달랐지! 같은 그 소리! 소리 나는 곳을 찾아 조심스럽게 이동하고, 잠시 멈추어 서서 귀를 기울이고, 다시 소리 나기를 기다리며, 베란다 쪽으로 나갈 수 있는 문을 발로 살짝 열어젖혔다. 쨍그랑! 불에 그을리고 한쪽 귀퉁이가 타다 남은 나무 문짝 유리가 바닥으로 떨어져 부서졌다.

아~! 아~저 씨 살~려 주세요! 깜짝 놀란 순간이었다! 후레쉬를 비추고 위아래를 살펴보았다. 수건으로 입을 막고 있는 장정 한 사람이 바닥에 누워 있었다. 순간적으로 일으키려고 했더니, 저~어 장~애인 이 에요! 라고 말을 한다.

손전등, 무전기 2개, 공기 호흡기, 개인장구 등 치렁치렁 무장한 상태에서, 내 힘으로는 안 되겠다는 판단을 하고는, 뒤돌아서서 야~아! 여기에 사람이 있다~ 사람이 있어! 소리를 질렀다. 문밖으로 뛰쳐나와 누구인지는 모르겠으나, 가장 가까이에 있던 한 직원을 데리고 다시 안으로 들어갔다.

막 일으켜 발을 딛는 순간, 앞에서 깨진 불과 열을 먹은 깨진 유리 파편 일부분이 남아 있다가, 떨어지면서 파편이 그의 발에 가벼운 상처를 입혔다. 밖으로 요구자를 대리고 나와서는, 아파트 아래층에 대기하고 있던 119구급 대를 향해, 빨리 구급차를 대기 시켜라고 소리를 쳤다. 동료 직원에게 신속히 밖으로 옮겨 병원으로 이송조치 하도록 했다. 이! 순간이! 나에게 있어서 하나님께 감사하지 않을 수 없는 한 대목이다.

그날! 이렇게! 추운 겨울밤을 현장에서 날 세우고 귀소하여, 새로운 출동을 위하여 장구 등을 정리하고 점검한 후, 사무실에 막 들어오자, 본서 상황실에서 전화 연락이 왔다.

A씨라는 사람이, 구로구 고척동에 소재한 병원에 입원해 있는데 전화가 왔단다. A씨가 누군데 그러느냐고 물었더니, 화재 현장에서 구출하였던 그 사람이라고 한다. 현장 밖에 있던 대원들에 의해, 소방 구급차로 병원에 이송 되었던 모양이다.

병원에 있던 그가 본서에 전화를 하여, 추운데 입을 옷이 없으니, 혹 불에 타다 남은 입을만한 옷이 있으면, 찾아 골라서 보내 줄 것을 요청하였고, 그가 신을만한 신발도 신발장이 다 타버리지 않았다면, 한 켤레 정도를 골라서 보내 줄 것, 그리고! 예금 통장과 인장 등이 들어있는 "아놀드 파마"라고 영어로 쓰여 있는, 조그만 한 손가방을 거실 소파 부근에 놓아두었으니! 불에 타지 않았다면 찾아서 병원으로 보내 달라는 것이었다.

화재를 진압 하면서 불에 타다 남은 휠체어가 방안에 있는 것으로 보아! 장애인이 기거하고 있다는 것을 알았다. A씨는 장애인이면서 딸과 함께 살았고, 집안에 화재가 발생한 그날 밤도 평온한 잠자리를 누리고 있었다. 그래서! 그는 병원으로 이송될 때까지도 잠옷 차림이었다.

A씨의 말을 전하는 다른 직원에 의하면, 잠을 자는데 이상한 소리가 나는 것 같아서, 잠에서 깨어! 소리가 나는 아파트 출입구 문간방, 딸 방문을 여는 순간! 갑자기! 불과 연기가 자기 앞으로 들어 닥치자! 미처 방문을 닫을 틈도 없이, 현관문 밖으로 나오지를 못하고, 집 안쪽 배란다로 대피하여 119 화재신고를 했다고 한다.

직원들과 함께 불에 타버리고, 검게 그을리고, 보기에도 흉측한 화재가 발생한 그 아파틀 찾아갔다. 불에 타버리고 조금 남은 신발장 안에서 불에 그을렸으나, 신을 만한 운동화 한 켤레를 챙겼다. 방 안쪽에서 불타고 그을린 옷더미를 헤치고, 입을 수 있다고 보기에는 그렇고 걸칠 만한 옷들을 챙겼다.

이제는! 문제의 "아놀드 파마"라고 영문으로 쓰여진, 조그만 한 손가방을 찾아야 하는데? 이곳! 저곳! 불에 타버린 잔해물 더미들을 해치고 찾아야만 했다. 글쎄! 그의 희망이 될 만한 작은 손가방이, 불에 타버리지 않기만을 바라는 심정으로, 그가 있을 거라고 말했다는 거실 소파 부근 잔해 물을 해쳤다.

잠시 후! 그 문제의 조그만 한 손가방, 영문으로 "아놀드 파마"라고 쓰여 진 물체가, 불에 타다 남은 소파 등받이와 앉을 수 있는 방석 사이에서, 나! 여기에 있어요! 라고 얼굴을 내밀며 말을 하듯이! 물먹음 상태로, 하얀 영문의 글씨가 반짝이며 꼭 끼어 있었다. A씨의 요구대로 3가지를 챙겨서 구급대원들로 하여금 병원으로 가지고 가서 전달하도록 했다.

이것저것 잔해 물을 해치고 물건을 챙기면서 보니까! 집에서 키우는 애완견이 화염과 연기를 피해, 타다 남은 장식장과 벽 사이에서 끼어 죽어 있었다. 이 사건이 발생 한 후 며칠 지나서 이번 화재가 방화라는 사실이 드러났고 그 범인이 잡혔다고 한다.

경찰 발표에 의하면, 범인이 사랑하는 여자가 헤어지자는 말에 앙심을 품고, 담뱃불을 창문을 열고 방 안으로 던져서 화재가 발생 하였다고 한다. 사실 현장에서 화재를 진압하면서 화재를 발생 시킬만한 요인이나, 증거가 될 만한 것이 없어서, 방화로 추정 되었는데, 그 원인이 무엇일까를 생각해 보기도 했었다.

이렇게! 사건의 연계성은 경우에 따라서, 여러 사람과의 인과 관계가 얽히고 설키고 하는 것을 종종 볼 수 있다. 나중에 안 사실이지만 문제의 신 트리 아파트가, 건축 당시에는 신 트리 아파트라고 명명 했었다고 한다.

인근에 있는 목동 아파트 단지와 가까이 있고 생활권이 같다고 하여, 아파트 자치회에서 주민들의 의사를 물어서 신 목동 아파트로 바꾸어, 단지마다. 건물 동마다. 써 붙이고 사용하고 있어서, 우리 직원들도 이번 사건이 발생하기 전까지만 해도, 이곳 아파트가 신 목동 아파트라고 알고 있지! 신 트리 아파트라고 알고 있는 직원은 아무도 없었다.

이번 사건의 전말을 보면서, 만약에! 앞에서 말한 장애인 A씨를 화재 현장에서 구출하지 못해서 죽게 하였다면, 어떻게 되었을까를 돌이켜 보면 소름이 끼친다.

살아보겠다는 각오 하나만으로 아무 준비도 없이 입성한 서울, 1980년의 봄은 나에게 있어서 암울했다. 시내 거리에는 정치적 구호들을 외치는 소리, 아우성이 있는 곳이면, 봄의 향기를 대체하는 매캐한 최루가스가, 나의 하루하루를 불안과 초조로 고향을 몹시 그립게 했다.

방황과 초조도 잠시 "결단할 때가 있나니 어느 편에 설 건가" 찬송가 한 대목이 나의 평생직장을 갖게 했다. 강산이 바뀌어도 3번 이상을 바뀌었을 30여년을 넘게 이 분야에서 활동하면서, 소방관 정신이 무엇인가를 나 자신에게 물어본다.

방 3칸짜리 일반주택 이라면, 적어도 방 1칸 정도는 수단 방법을 가리지 않고, 화마로부터 지켜내야 하는 것이 아니겠는가? 라고 대답을 한다. 불에 다 타버리게 한다면, 왜! 소방관이 필요하겠는가? 그냥 내버려두어도 다 타버리고 말텐데! 집만 태우는 게 아니라, 저들의 희망까지도 태워버리고 마는 것이다.

단단한 각오로 자칭 전문가라고 자부하면서, 시시각각 시절의 변화에 대응하며 활동하면서, 사건 현장에서 소방관이라는 사명감 때문에,

나 하나 희생시키면 되지? 저들의 평화롭고 안정된 삶이 있는, 저 주택들을 한순간에 가스 폭발로 날려 버릴 수는 없어! 동료들의 만류를 무릅쓰고 죽으면 죽으렷다! 할 수 있는 데까지는 한다. 소란스럽고 걱정된 아우성! 그리고 공포감이 감도는 현장에 뛰어들어 수습했던 일 등 죽을 고비를 4번이나 겪었다.

화재다운 화재현장 활동을 하고 돌아와서는, 몇 번씩이나 좀 더 잘할 수 없을까? 하는 자책감에 나 자신을 책망해 본다. 시민들로부터 고맙다는 말을 듣기보다는, 칭찬 받기보다는, 그들의 감격 어린 눈물을 볼 때면, 나 자신도 최선을 다했구나 하는 눈물, 그리고 불에다 타버린 현장에서 통곡하듯 탄식하는, 그들의 눈물을 볼 때면 뒤돌아서서 아! 이것이 내가 최선을 다한 한계라는 말인가? 조금만 더했더라면 하는 역량 부족을 탓하면서, 눈물 흘린 적이 이 한 번 두 번이 아니다.

잃어버리고, 지나가 버린 순간순간들이, 눈을 감고 조용한 방에서 명상을 할 때면, 영화 필름처럼 이어진다. 오늘은 이런 일도 기억이 돋아난다. 지금으로부터 20여 년 전 양천구 신정1동 일반 가정집에 화재가 발생하였다는 출동이 지령되어 현장 출동을 하였다.

불이야! 하고 소리가 밖에서 들리고, 방안에 연기가 자욱하자! 갓난아이와 같이 누워서 낮잠 자던 젊은 새댁이 놀라 밖으로 대피 했는데, 아이를 보듬고 나온 것이 아니라, 자신이 베고 누웠던 베개를 안고는 건물 밖 한쪽 모퉁이에서 부들부들 떨고 있었다.

야! 저기를 봐! 방안에 아이가 있다! 엉! 방안에 아이가 있어! 창틀을 넘어 동료 직원이 방안으로 신속히 뛰어 들어갔다. 방안이 컴컴한 연기 속에서 방바닥을 더듬어 잠자고 있는 갓난아이를 들어 올렸다.

순간적으로 아기를 받아 들고서는 아기 엄마에게 다가가, 여기! 당신의 아이가 있습니다. 정신이 드는 듯 놀란 얼굴로, 둥글게 눈을 크게 뜨고는, 긴 한숨을 내쉬었다. 고맙다는 말을 하려고 하는 걸까? 떨리는 입술만! 열릴 듯 말듯 한 움직임과 하얀 혈색 없는 얼굴표정!

그날도 하나의 해야 할 일 중의 하나였다. 예약 해놓은 혼인 날짜 다 가오듯이, 이미 봉직을 정리할 날을 정해두고 있는 현실에서, 만약에 A씨를 화재로부터 구출하지 못하고, 죽음에 이르게 하였다면! 지금까지 쌓아왔던 명예는 한순간에 사라지고, 오르지 치욕만이 있었을 것이라고 생각하면! 생각할수록 하나님께 감사를 드린다! 나는 매일 아침 잠자리에서 일어나 하나님께 기도를 한다. 나의 손길이 필요한 곳에 제가 있게 해 달라고, 오늘도 주님은 나의 기도를 들어주셨다.

나는 죄인이로소이다

따르릉~ 따르릉~ 화재출동! 화재출동! 00구 00동 00시장 옆 화재출동! 소내 근무를 마치고 돌아서서 2층 계단참을 오르려는 순간이었다. 계단을 뛰어 내려와 차고 출입문 스위치를 누르면서, 사무실 벽에 걸린 시계를 바라보았다. 새벽 1시 20분을 지나는 시각이다.

신속히 차고를 탈출 하였고, 사이렌을 울리면서 곧바로 꺾어지는 삼거리 쪽을 돌아서서, 방화 삼거리를 신속히 통과하여 공항 방면으로 향한다. 시장 골목 쪽을 차창 밖으로 확인하던 순간! 바로 저거다! 저 골목 안쪽으로 언뜻 불에 타고 있는 것이 스친다.

차를 세워! 차를 세워! 차를……. 소방차는 그 지점을 수십 미터나 지나서 멈춰 섰다. 차에서 내리자마자, 장구를 챙겨들고는 후다닥~ 후다닥~ 현장으로 달려갔다. 방수하라! 방수를 해! 보잘 것 없는 쓰레기 모닥불에 불과했다.

저 불이 혀를 나불대며, 저 큰 기와집을 덮친다면 일은 커지고 만다. 방수하라! 방수! 방수 하라고! 아이고~ 아이고~ 발을 동동 구르고 큰소리 쳐보지만 물이 나오지를 않는다. 물이 나오지 않아! 아! 이걸 어쩌나!

2착 대가 현장에 도착 했다. 어~이! 이~봐! 빨리 방수 하라고 해봐! 방수 하라! 방수를 하란 말이다. 아이고! 이것이 웬일이야? 물이 나오지를 않는다. 물이 나오지를 않아!

　불이 나더러 말을 건넨다. 어이! 나보고 모닥불 이라고 했지? 정말 그런가? 한번 지켜보게! 이집에 사람이 사는지? 아닌지는? 내가 알바가 아니네! -이~봐! 잠깐만! 기다려봐! -아~니! 뭘~ 하게? 그 도움도 되지 않고, 돈도 나오지도 않은 걸 들고 서서, 그럼! 나는 이만 볼일을 보겠네! 자! -잘 보라고 말하고서는, 이! 말썽꾸러기는, 큰 기와집의 처마를 붙들고서는 훨~훨~훨~ 춤을 추기 시작했다.

　어이! 어서 나에게 물을 뿌려봐? 자! 어서! 내가 더 이상 미치기 전에 물을 뿌려 달란 말이야! -알았다! 알았단 말이다. -그런데! 웬! 큰소리를 치는 거야? 그럼 나중에 보자고! -말 하고는 저만치! 빠른 걸음으로 멀어져 가고 있었다.

　아! 물이 나오지를 않는다. 이제 어떻게 하나? 어-이! 이제! 그곳에서 기다리고 있어! 잠시　멈춰서란 말이야! -뭐라고? 아무 소리도 들리지를 않아! 이제! 잠시 후면! 나는 이곳을 옮겨 갈 거야! -어디로 갈려고 하는데? -응! 찾고 있는 중이야! 이곳의 작업은 이미 끝났거든,

　-이봐! 그러 하지 말고? 우리 흥정 하자구? -흥정! 그것이 무엇인데? -뭐! 이를테면! 주고받는 거지! -아! 그-래! 그럼 나한테 무엇을 주려는데? 아무것도 가진 게 없으면서! -아무것도 라니? 보이는 게 없니? 큰

것도 있고 작은 것도 있단 말이야! -큰 것은 무엇이고? 작은 것은 무엇인데? 작은 것은 그렇고! 큰 것만 얼른 말을 해봐? -내 목숨이다는 거야! -뭐!~ 안~돼!! 나이테 형의 하나 밖에 없는 목숨이라니! 나하고 인연을 맺은 지가 얼마이고? 내가 누구보다도 잘 알고 있지! 형이 목숨을 건다는 거 어디 한 두 번 이야?

그때마다! 나는 이것은 아니다싶어 되돌아서기가 벌써 여러 번 이야! 나는 악연이 되는 거 싫어! 다만! 나와 숨바꼭질이나 하고 싶을 따름이야! 걱정하지 말어! 때로는 내가 이기기도하고 지기도 하면서 말야! 나는 어떤 때는 나이테 형의 눈물도 보았어! 나한테 지고 억울하다고 울-고! 어떨 때는 나를 이겼다고 울-고! 그런데! 이상하게도, 혼자서 우는 게 아니라! 여러 사람들과 함께 울-드라고! 오늘은 어떻게 할까? -이것은 장난이 아니야! 나에게는 직업이라는 것이 있거든! -나도 알아! 그러니까 함께하는 거야!

그렇지만! 때로는 나도 이성을 잃어버리고 말아! 왜? 그런지 나도 알 수는 없어! 나도 지금쯤이면 그만했으면 좋겠어! 하지만! 오늘은 무엇인가를 보여주고 싶은 마음이 드는데! -나는 그만했으면 좋겠어! -형! 잘 보라고 이런 것이 있다는 것을! 저기 보이지? 저것이 오래된 시장이라는 것인데, 건물은 낡을 대로 낡았지! 언젠가 손 한 번 봐준다 하면서도, 그냥 지나치고 말았어,

그랬더니만! 그곳 사람들 뭘 몰라도 한참이나 몰라! 나를 마치 도둑이나 같은 줄로 알고, 안에서만 챙기는 거야! 그래서! 작업을 시작 할까

해! 형! 방화벽이라는 거 알지? 그런데 이곳 사람들은 그곳에 환기구를 만들고, 환풍 시설로 사용하는 거야! 본래 목적이 아니지 않아? 저렇게 해도 되는 거야? 그래서 옆집에 온 길에 한번 혼내줄 꺼야!

-그-만 해! 그만 하라고!! -너무 걱정하지 마! 형이 힘들어 진다는 것을 알아! 지금시각 안에는 아무도 없잖아? 사람 안 다치고, 다 태워 버리지는 않을 테니까! -말도 끝나기가 무섭게 순간! 날쌔게! 살~짝! 확!~ 시장 방화벽 환기창 안으로 넘어 가더니만! 휠~휠~휠~ 아이고!~ 일이 생겨 버렸다.

이쪽을 막아라! 저쪽을 막아라! 아우성치는 진압 대원들의 소란 속에서도 그 행동은 멈추지를 않는다. -잘 보라고? 앞에서도 잘 보라고 말을 했지! -하나의 점포, 두 개의 점포, 세 게의 점포, 연달아 붙어있는 점포들이 하나하나 차례대로, 그의 미쳐버린 성질머리에 마구마구 거들이 나고, 아무것도 쓸 수 없는 검은 폐허 속으로 산화되고 만다.

정말! 말릴 수 없는 순간들! 연속적으로 힘차게 물을 뿌려보지만, 물줄기 조차도 외면하고 만다. 툭~탁! 점포의 샷 타 떨어지는 소리와 동시에 화재풍이 일면서 휘~이익 확! 둥글 날름 퍼~억! 하나의 점포가 사라지고, 두 번째의 점포 차례다. 뚜-득 지~익! 툭~탁! 날름! 휘~익! 확! 둥글 날름! 퍽~ 이렇게! 나더러 똑똑히 보란 듯이! 나를 저만치 밀어내면서까지 내 체면이고 뭐고! 생각을 돌이키지를 않는다! 해도 해도 너무 한다! 나 에게 싸움을 걸자는 건가!

하나의 점포를 불사르고 다음 점포로 옮겨가는 데의 시간은, 화재 하중에 따라서 불과 2~5분정도로 나와 동료들의 진을 빼고 있다. 어쩔 수 없이 밀리고 또 밀리고, 이래서는 안 된다! 이보게! 이렇게 해서는 안 되겠네! 다! 태워 버리고 말겠어! 조금의 간격을 두고 새로운 작전을 하자고? 여기에 진을 치고 더 이상 밀려서는 안 되네! 남아있는 힘을 다 모아 다 끌어내자고? 저 녀석이 곧 이곳으로 옮겨 올 거야!

　-뭐~라고? 나더러 조금 후에 올 거라고? 나-여기 왔어요! 위를 보세요! -아-차! -이제는 어떻게 할 거야? 나도 할 만큼 했고, 나이테 형도 할 만큼 했지 않아? 이제는 마지막 힘겨루기를 해보면 어떨까? -좋~다! -자! 그럼 막아 보라고? 머리 위를 올려다보아! -휘~익! 날~름, 툭! 툭! 툭! 방수 압을 높여라! 높여! 앞으로 이-동!, 좌로 이-동! 우로-이동! 퍽! 퍽! 퍼-억! 날름대는 순간이 잠시 멈추는가 하면은, 휘~익! 날~램! 쏴아! 쏴아! 쏴~와! 방수 압을 높여라! 높-여!, 호스를 앞으로 당겨라! 당~겨! 당~겨!, 허~억! 허~억! 허~억! 숨쉬기가 빨라진다! -나이테 형! 이제 그만! 나는 여기서 오늘 작별을 하면 하는데? 나는 가도 형은 할 일이 많겠는 걸.⋯⋯. -춘 사월의 새벽동이 틀 무렵 우리는 이렇게 헤어졌다.

　빵! 빵! 빵! 부~웅~ 끼~익 차 좀-빼세요! 잠시만 기다려요! 글쎄! 조금 비켜 봐요? 후다닥! 웅성! 웅성! 웅~성! 어떻게 되었어요? 우리 점포가 어떻게 되었느냐구요? 이것 보-아! 우리 점포는 다행히 불에 타지는 않았어! 휴~우! 다리에 힘이 빠지는지 땅바닥에 주저앉고 마는! 아내를 잡아 일으키는 삽달 씨! 우리를 보더니만 정말 고맙습니다! 수고가 많았습니다. 라고 인사를 한다.

황달 씨! 헐레벌떡 안으로 뛰어들면서, 엉!~우리 점포 어떻게 되었어! 검은 숯 덩어리가 되어 버리고, 짙은 연기가 빠지지 않아 가득 찬 시장 안, 부분 부분 잔불이 타고 있었다. 후다닥~ 김 박달이 뛰어들었다. 아이~고!~ 이게 뭐야! 하나도 성한 게 없네! 아이고! 이놈의 새끼! 여기 안 나왔어? 이생이 어디 갔어! 김 이생이 어디 갔냐고? 어디 있어?

형님! 저 여기 있어요? 어~디! 형님이고 뭐고……. 김 이생이 체! 위로의 말을 건네기도 전에, 김 박달이 그의 목덜미를 세차게 붙잡고서는 밖으로 끌고 나왔다. 이-놈! 너-놈이! 내 점포 머리에 좌판을 깔아놓고 물건을 쌓아 놓아서, 소방관들이 소방호스를 못 늘려서, 내 점포가 모두 타버리고 말았어! 응!~ 하며 억지소리를 하고 있었다. 김 이생은 자기 노점의 물건이 어떻게 되었는지! 불이 났다는 소식을 듣고 곧바로 시장으로 달려 나온 터였다.

김 박달과 김 이생은, 이생이 시장 안 점포를 얻어서 장사를 할 형편이 못되어, 김 박달 내외의 승인을 받아, 점포 점두에 좌판을 깔고 물건을 쌓아 놓고 팔면서, 형님 동생 사이로 지내고 있었다.

김 박달과 그 가족이 잠시 자리를 비울 때면 동생! 잠깐! 가게를 봐주게? 하고 부탁하기도 했었다. 그렇게 할 때면 김 이생과 그 부인은 흔쾌히 형님! 형수님! 걱정하지 말고 일 잘보고 오셔요! 하는 정도로 평상시 친형제처럼 지내면서, 누가 먼저라 할 것도 없이, 커피라도 끓일 때면 먼저 권하기도 하며, 음식도 같이 나누어 먹었다. 이러한 사이가 이렇게! 순간적으로 험하게 변해버릴 줄이야! 불은 둘 사이도 태워버리고 검은 감정만 남기게 되었다.

　이보게! 이제는 안으로 들어가서, 한쪽에서부터 정리를 해야 할 것 같네? Y대원은 나의 동지로서 올해에 군복무를 마치고, 우리 조직에 입사한지 몇 달 밖에 되지 않았다. 그래서인지! 군인정신이 몸에 배어 있었다. 지칠 대로 지치고, 축 처져 버린 그와 나의 형색이, 물에서 빠져나온 쥐는 저리가라 할 정도로 처량할 만치! 몰골 상태가 여명의 틈사이로 비친 눈가에 들어왔다.

　여보게! 힘을 내게! 힘을! 이것 좀 걷어치우게, 저것도 말이야! 저기에 아직도 잔불들이 타고 있지 않는가? 호스를 당겨봐! 콜~록! 콜록! 콜록! 에이~취! 에~취! 수증기와 연기의 엉킴으로 눈앞이 한 치도 보이지를 않는다. 공기 호흡기의 공기가 소진 된지 오래 되었고, 마스크도 물에 젖어서 사용 할 수 없는 처지에 이르렀다.

　뚝 욱! 뚝! 뚝! 뚝! 우지~직! 팍~악! 퍽! 불에 타고 있던 천정이, 불이 붙어 있는 상태로 갑자기 무너져 내렸다. 아~앗! Y대원이 기겁을 하며 놀랐고, 나도 놀라기는 마찬 가지다. 침착하라! 마음속에서 속삭임이 들렸다. Y대원이 바짝 다가서면서 나의 벨트를 꽉! 붙잡으며, 살려 주세요! 살~려 주세요! 라고 소리를 지른다.

　아~! 이걸 어떻게 하면 좋으냐? 누가 우리가 여기에 갇혀 있는 것 을 알 리가 없다. 어느 쪽으로 가야 한단 말인가? 여기가 어디쯤이나 되나? 방향감각을 잃어 버렸다. 앞으로만 한 발짝, 두 발짝, 세 발짝, 잔해 더미를 헤집으며, 발에 걸려 넘어지면서 둘이서 손을 꼭 잡고 더듬거렸다.

우~액! 콜~록! 콜록! 콜록! 캐~액! 캑! 캑! 아이고! 아~! 으윽! 아니야! 그게 아니야! 이렇게 둘이서 손잡고 헤매다가는, 여기서! 둘이서 죽고 말아! 겁이 왈칵 다가온다.

반드시 가까운 곳에 피난 할 수 있는 구멍이 있을 거야! 내가 먼저 그것을 찾은 후에 Y대원의 위치가 어디인지를 알고 있으니까, 번개같이 뛰어 들어가, 그를 정신없이 밖으로 끌고 나오거나! 그가 쓰러져있다면! 들쳐 매고라도 나와서 응급조치를 한 후, 신속히 병원으로 이송 조치하는 것이 좋을 것 같다는, 짧은 순간의 판단이 선다.

으흐흐! 헉! 헉! 헉! 아~프! 아프! 콜~록! 콜록! 콜록! 캐~액! 캑! 캑! 나의 벨트를 꽉 잡고 있던, Y대원의 손을 순간적으로 탁! 쳐서 털어내듯이 뿌리쳤다. 잡고 있던 손을 놓친 Y대원의 고래고래 내지르는 그 소리는 절망 그 자체였다.

반장님~! 반장~님! 반 반 장님! 으~흐흐흐! 어~허허허! 엉~엉~엉~ 어쩔 수 없어, 조금만 기다리게! 쏜살같이 앞쪽으로 아무 말도 하지 않은 체! 장애물을 헤쳐 젖히면서, 엎어지고 넘어지면서 정신없이 튀다시피, 뛰기 시작했다.

그의 울음 섞인 그 소리는! 내가 최전방에서 군대 생활을 할 때면, 휘영청 달 밝은 보름쯤의 새벽 한 두시, 군부대의 외지고 으슥한 산기슭

아래 탄약고 보초를 홀로 설 때면, 산 위쪽에서 금방이라도 긴 머리를 흩어뜨리고! 나타날 것 같은 여인네의, 억울한 원한의 울음소리 같은, 소름끼치는 늑대의 울음소리에, 머리카락이 곤두서고, 몸이 오싹! 심장이 멈추어 버릴 것 같아, 세상의 모든 것을 순간적으로 잃어버린 적이 있었다.

아~! 아! 저기다! 저기에 구멍이 있어! 무너진 잔해 물 공간 사이로, 희미한 불빛이 어른어른 거렸다. 정신을 바짝 차리고는 엎어지고 넘어지면서, 그가 소리소리 지르고 아우성치는 곳을 향하여 여기야! 여기~! 이리와! 이쪽으로 오란 말이야! 이쪽으로! 달려가서 Y대원의 손을 꽉 잡고 피난 구멍이 있는 곳으로 빠져나왔다.

콜~록! 콜~록! 콜~록! 아~취! 어허! 헉! 으~히! 으 흑! 이리와! 이리로 오라고? 빠져나온 곳을 떠나 앉을 만한 자리를 찾았다. 이리 앉아! 응! 잠시 쉬면서 정신 좀 차리자? 우리는 가슴에 손을 가져다 대고서는, 놀란 순간의 가슴을 쓸어냈다.

반장님! 내가 어떻게 생각한지 아세요? 아~! 다! 필요 없구나! 그렇게 살려 달라고 소리를 질렀는데도, 아무도 나를 구하려고 오지도 않고! 이제는! 고참 까지도! 저만 살려고! 나를 죽게 남겨두고 도망가고 말았어! 나는 이렇게 죽는가보다! 이 생각 외에는 아무것도 떠오르지 않았어요!

그래! 아무리 그래도 그렇지! 나는 그렇게 인생을 살고 싶지는 않아! 자내를 죽게 놓아두지는 않는 단 말이야! 나는 이미 죽기를 각오한지 오래다네! 불이 이기면 내가 죽고! 내가 불을 이기면 내가 산다는 신념으로, 오늘도 할 수 있는데 까지, 최선을 다했다고 보네! 그~래! 수고가 많았네!

사건이 있은 후 소방 서장님께서, 직원들을 격려하기 위하여 표창을 하였다. 나더러! 이 죄인더러! 표창을 받으라니! 그날의 진상을 잘 알고 있는 내가? 우리들의 잘잘못을 잘 알고 있는데! 어떻게 표창을 받을 수 있단 말인가? 표창을 해서는 안 된다고, 왜! 안 되는지! 말은 못하고, 꿀 먹은 벙어리처럼 속죄하고 있는데! 왜? 표창 한다는데 거절하느냐고? 속도 모르면서 다그친다. 나는 절대 아니외다. 나는 받을 수가 없소! 언제 불 잘 껐다고, 표창이나 받는 내가 아니다 라고 항변하다시피 했다.

차마! 그렇게 나를 다그치는 당신은, 어디에서 무엇을 했느냐? 왜? 우리 뒤에 있지 않았느냐? 우리가 어떠한 상황에 있었는지는 아느냐고? 전후 사실을 따지고 싶었지만, 죄인의 화풀이는 아닌 것 같아, 순간의 바보가 되어버렸다. 사무실 분위기가 소란스러웠다.

나와 함께한 Y대원에게 표창 하라고 했더니, 임용한지가 얼마 안 돼서 안 된단다. 공로를 인정하는 표창을 하면서, 임용기간이 어떻고 하는 게 말이 되느냐? 그런 경우가 어디에 있느냐? 그러면 하지 말든지 하면 되지! 왜? 하려고 하느냐? 우리의 못 이라나 어쩐다나, 이렇게 하여 Y대원에게 표창장이 수여되었다.

그날 28개의 점포가 소실되었고, 이 사건이 있은 후 얼마 되지 않아

I.M.F를 맡게 되어, 피해를 입은 점포 주인들이 고통을 겪었고, 다른 사람의 손에 새로운 점포를 차리게 내주었다.

나는 이 사건을 나의 가슴속에 두고두고 새겨 두면서, 나는 죄인이로소이다 라고 고백을 한다. 이제는 이렇게 나의 동료들과 많은 사람들 앞에 사실을 밝힘으로서, 하나의 짐을 덜어내게 되어 기쁘다.

안전은 실천이고 사랑이다.

아무리 안전! 안전! 말로만 해서는 안 된다. 누가 말한다고 해서도 안 된다. 누구한테 보여주기 위한 것도 또한 아니다. 개개인이 실행에 옮기는 것 밖에는 없다. 한 사례를 소개한다. 중동건설 붐이 한창일 때 공사 현장에서 안전관리 담당자로 있었던 분의 실화다.

어느 날! 공사장 현장안전 상태를 점검중, 덥다고 안전 안전모를 벗은 상태로 작업을 하던 인부를 발견하고, 어이! 자네 이름이 뭐~야? 아니! 이 사람아! 안전 안전모를 쓰지 않고 작업을 하면 어떻게 하나?

지금당장 안전모를 쓰게! 다음에 한번만 적발되면 자네는 바로 귀국 조치 하겠네! 라고 말을하고 그가 안전모를 쓰는 것을 확인 하고는, 다른 현장 모퉁이를 돌아서는데, 응급 구급차량이 사이렌을 울리면서 비상라이트를 켜고, 경광등을 반짝이면서, 조금 전 현장 쪽으로 가는 것을 보고는 사고다! 하면서 단숨에 달려갔다고 한다.

현장에 도착하여 상황을 확인하니 아뿔싸! 조금 전에 자기한테 지적을 받았던, 그 작업자가 방금 전 머리에 쓰고 있던, 안전모를 또다시 벗고 작업을 하는 순간! 시공 중인 건물 위층에서 쇠파이프가 이탈 하면서, 그 끝부분이 머리를 강타하여 현장 즉사했다고 한다.

안전사고라는 것은 바보짓이다. 이렇게 하면 사고가 날것이다를 알면서도 일을 저지르고 마니까 말이다.

당신은 사랑하는 사람이 있는가?
있다면 당신은 그가 누구인가? 그 사람이 당신에게 있어서 가장 중요한 사람인가? 한 번쯤 생각을 돌이켜 봐라! 당신이 없어진다면! 그 사람이 어떻게 하고! 어떻게 될 것인가를! 또 그 사람이 없어진다면! 당신이 어떻게 될 것인가? 어떻게 하고 있을 것인가를! 사람이 자기의 소유물을 잃어버리고, 마음이 상하지 않는 이가 세상에 있겠는가? 그중에 가장 큰 것은 사랑하는 사람을 잃어버리는 일이 아니겠는가?

나는 오늘도 우리들의 일터에서, 여러 가지 각종 현장에서 6명의 사랑하는 사람들이, 그들의 사랑하는 사람들의 곁을 떠나가고 있다는 사실 앞에서 눈시울이 적시어진다.

당신이 진정 사랑하는 사람을 생각한다면 당신은 안전을 실천하라!
집! 집! 집! 사랑! 사랑! 사랑! 슬픔의 검은 그림자가 내 표어를 잠식하지 않도록 부탁한다.

필자가 이글을 쓰지 않을 수 없는 것은, 34년 동안 수상사고 현장을 제외한 각종 사고 현장을 수습하고, 목격하고, 체험하면서 이러한 상황이 발생한다면, 결과가 어떻게 될 것 같다는 직관적이고, 예단적인 사실

안전은 실천이고 사랑이다.

이 현실로 드러나는 것을 보면서, 이 분야에서는 누구보다도 뛰어나다고 자부한다. 지금도 돌이켜보면 감사하고 감사할 것이, 재직 기간 중에 나의 동료를 현장에서 다치게 하거나, 목숨을 잃게 하지 않았다는 것이다.

천정이 무너지고, 벽이 무너진, 화재현장 건물 안에 갇혀버린 동료를 온전하게 구출하고, 주워진 현장에서의 최고의 안전은, 최선의 공격이다 는 모토로, 적극적인 행동의 결과와 나와 동료들의 안전을 위협하는, 사전적 위험 요소를 철저하게 제거한 것의 결과물이 아닐까 싶다.

이 결과물 중에 몇 가지는, 사랑하는 후배들을 위하여 다음과 같이 기술한다. 조금이나마 도움이 되었으면 하는 선배로서의 바람이다.

얼마 전에 지방 소방 파출소에서 차고 문이 일탈하여, 사랑하는 사람의 곁을 떠난 사건이 있었는데 정말 가슴이 아프다. 내 이야기를 들어본 적이 있었다면, 저런 일이 발생하지 않을 수도 있었을 텐데 하는 생각이 자꾸 든다. 다시 한 번 선배로서 사랑하는 후배들에게, 조금이나마 도움을 주고자, 이번 사건을 게기로 다음 사항을 부탁 하고자 하니 이행해주기를 부탁한다.

1. 차고 문 일탈사고

기계관련 시설물은 오작동이라는 것이 있을 수 있다.이번 사건 경우처럼 차고 문이 일탈할 수 있다. 이 사건이 있기 훨씬 전 내가 현직에 있을 때, 내가 차고 문을 작동하는데 순간적으로 쾅당! 쿵! 하면서 차고 문이 일탈했다.

가슴이 철렁 하면서 아이쿠! 하면서 긴 한숨이 나도 모르게 나오면서, 이 순간 직원이 이곳을 지나갔다면 어떻게 되었을까? 천만 다행이었다.

추락하는 차고문의 위력은 대단했다. 이번 사건에서 하중이 500kg 이라고 하는데 거의 사실일 걸로 본다.

내가 겪은 경험으로 직원들에게 아래와 같이, 잔소리하듯 말하면은 한 두 명 의 직원은 이해를 하지만, 거의 직원들이 미친 소리 하고 있네! 그게 왜 떨어져 하고 듣는 둥 마는 둥 했다.

(1) 차고 문 조작은 조작 버튼이 설치된 기둥 앞에서, 바른 자세로 엄호 하듯 하라.
(2) 차고 문은 완전히 올리고 내리고 하라, 특별한 경우가 아니면 중간에 멈춤 상태로 놓지 마라.
(3) 차고 문 아래로 오고 가거나, 절대로 사람이 서있거나 소방차를 문 아래에 주차 하지마라.

2. 방수포 일탈사고

모든 것이 가압을 하면 팽창에 의하여, 외부로 일탈하려는 성질이 있다.

방수포 구조를 보아라! 하단부 고정핀을 주목 (점검)해주기 바란다. 고정핀이 안전하게 고정되었다고 생각하는가?

소방차 제작자나 납품업자는, 당신의 안전을 생각하지 않는다. 고정

안전은 실천이고 사랑이다.

핀은 항상 안전하게 반드시 고정되어 있어야 한다. 그렇지 않다면, 방수 작업 중 방수포가 일탈하여 위로 솟았다가 아래로 추락한다. 이러한 사고로 방수포 조작자, 차량을 조작하는 운전원, 주변에 있는 사람이 크게 다칠 수가 있다.

(1) 점검자는 방수포의 고정 핀 이상 유무를 항상 확인하고 느슨하거든 반드시 조여 주도록 한다.
(2) 방수포 조작자는 차량 위에서, 방수포를 조작 하면서 방수포가 자신의 목, 가슴 앞 부위에 절대 놓이지 않게 하라. (자신의 몸 옆으로 비켜서 조작)
(3) 소화기 사용 지도 시에도 방수포 사용하듯 가르쳐 주어라. (자신의 몸 옆으로 비켜서 조작)

3. 차량 방수구 이상 유무 점검 철저

이것은 필자가 현직에 있을 때 철저하게 점검하는 것 중의 하나였다. 점검 중 깜작 놀랄 때가 한 두 번이 아니었다. 방수구 소방호스 접결구에 소방호스가 완전히 조여지지 않은 상태로 연결되어 있었다.

왜? 이러한 일이 있었을까? 하고 원인을 분석해 보았더니! 화재 진압 후 귀소하여 재 출동을 하기 위하여 준비하던 중, 사무실 근무자가 나와서 도와주다가, 전화가 오니까 접결구를 완전히 조여 놓지 않고 전화 받으로 가버려서 였다. 다른 직원이 보았을 때, 접결구에 소방호스가 연결된 줄로 알고 넘어간다.

(1) 점검시 항상 안전하게 접결구에 소방호스가 완전하게 조여 있는지를 반드시 확인한다.
(2) 운전원은 방수구 개폐를 할 때는, 반드시 자신 면상이나 가슴부위에 접결구가 놓여있어서는 절대 안 된다. (옆으로 피해서 조작한다)

4. 연결 송수구 작업 전 점검

소방호스를 연결하여 방수작업을 할 때는, 작업 전에 연결 송수구와 건물 접결 부분에 이상이 없는지를 반드시 확인하여야 한다.

연결 송수구 접결 부분은, 철 소재에 아연도금을 한 강관에다. 놋쇠(신주) 연결 송수구를 나사식으로 돌려서 끼워진 고정의 기구이다.

금속 성질상 서로 다른 부분을 이음으로 직접연결 하면은, 동일한 성질의 금속을 연결(이음) 할 때보다도 부식성이 빠르다고 한다. 건물이 오래된 곳에 설치된 연결 송수 구는, 이러한 요인과 외부 노출로, 습기 등에 의한 부식 상태가 심하게 진행되고 있다고 보아야 할 것이다. 이러한 연결 송수 구를, 제대로 점검하는 소방관도, 소방점검 대행업체도, 건물 관계자는 거의 없다. 조심하여 주기를 당부한다.

(1) 운전원은 방수구 개폐를 할 때는, 반드시! 자신 면상이나 가슴부위에 접결구가 놓여 있어서는 절대 안 된다. (옆으로 피해서 조작한다)
(2) 운전원은 방수작업을 할 때, 천천히 방수구 개폐기를 열고 낮은 압력으로 시작 하면서, 이상 유무를 반드시 확인 후, 안전한 작업

안전은 실천이고 사랑이다.

을 하여야한다.
(3) 연결송수관을 이용한 작업 시는, 주변에 사람들이 접근하지 않도록 반드시 조치 하여야한다.

5. 소방차 뒤에서 소방차 후진을 돕는 자의 자기안전 확인

현재는 차량후방 카메라가 있어서 도움이 되지만, 차량 후진을 돕는 자는 반드시! 차량 운전자가 자신을 보고 있을까를 되돌아보라, 모든 차량은 주시의 사각을 갖고 있다. 즉! 운전자가 운전 중 사이드 밀러로 뒤를 볼 수 있는 한계의 각 으로, 차체와 사이드밀러 사이각 15도 이내를 말한다. 이 15도내에 들어있는 후방의 물체를 운전자가 확인하지 못한다.

(1) 후진을 돕는 자는, 주시의 사각 안에서는 절대 행동하지 말고, 자신의 옆과 뒤를 잘 살펴서 안전사고를 예방하여주기 바란다.
(2) 다시 한 번 앞에서 한 말이지만, 차량 운전자가 자신을 보고 있을까를 되돌아보라!

6. 소방차 위에서 점검, 확인

점검 시간에 장비 점검, 출동 후 귀소하여 비품 정돈을 하기 위하여, 소방차 위에 올라가 작업을 할 때는, 다음 사항에 항상 주의하여 주기 바란다.

(1) 필요에 의하여 차 위에 올라가거든, 자신의 몸 자체를 반듯이 낮춘 상태로 행동하라!
(2) 차 위에 올라가게 되면, 서 있는 상태에서 가능한 작업을 하지

마라!

(3) 차 위에 올라갈 때는 반드시 운전자에게 알리고, 운전자가 알았다는 승인이 있을 때 행동하라! (운전자가 차위에 작업자가 있다는 것을 인식).

안전은 실천이고 사랑이다.

행복한 사람

우리 노랫말 내용 가운데 "나는 행복합니다. 정말! 정말! 행복합니다" 또 "당신은 행복한 사람" 이렇게 불리는 대중가요가 있다. 지금의 나에게 주어지는 말인 것 같아서 기분이 매우 좋다.

어제 저녁 식사를 하는데, 전화벨이 요란스럽게 울어댄다. 아니! 이 시간에 예고도 없이, 특별한 경우가 아닌데, 비상연락망 전화를 확인하나보다 하고, 전화기를 귀에다 대고 예~에! 임상기 입니다. 말을 하려고 하는데 형님! 저 000입니다.

오! 그래! 00야! 무슨 일로 이 시간에 전화를 했니? 반가운 맘에 그래! 그간 잘 지냈고? 라고 말을 하자마자, 형님! 인사발령이 났어요, 뭐라고? 인사발령이 났어! 예! 제가 보기로는 지금 막 양천 소방서로 난 것 같습니다.

잠깐만요! 제가 다시 확실하게 확인해서 전화 드리겠습니다. 응! 그래라 말하고는 전화를 끊고서 아내에게 나 인사발령 났다고 하니! 언뜻 양천 소방서라고 하는 것 같아, 지금의 내 심정을 잘 아는 아내는 와! 정말 잘되었다. 하나님께서 불쌍히 여겨 주신 것 같아 라고 말을 했다.

다시 전화벨이 울렸다. 조금 전 그 형제였다. 예! 형님! 양천 소방서가 확실합니다. 그래 잘되었다. 내가 원하는 대로 발령이 났구나! 라고 말을 했더니, 저쪽에서 이해가 가지 않는다는 반응을 보였다.

사실 내가 용산 소방서에서, 지금의 구로 소방서로 전출 온지가 겨우 1년하고 몇 개월 지난 터라, 더욱 관심을 가지고 누구보다도 이 소식을 먼저 알리고, 어떻게 된 일인가를 알고자 전화를 했던 것 같았다.

내가 우리 직장에 처음 들어와, 용산 소방서로 발령을 받아 5년 넘게 근무 하다가 떠난후, 24년 만에 진급을 하고서 다시 근무하게 되어 감회가 새로웠고, 근무환경이 매우 좋았다.

그런데도 불구하고, 구로 소방서로 다시 돌아와 근무하고자 했던 것은, 내가 창설 멤버고 또 구조대 창설 멤버로 삼풍백화점 건물붕괴 현장에서 활동했고, KBS 긴급구조119 방영 프로그램 16회를 작품 기획하여, 전국시청률 10위권에 처음으로 진입시키기도 했다.

신도림에 집을 두고 있어서, 신도림 119안전센터를 주변지역 발전에 맞추어서, 외장공사를 기획하고 예산을 확보하여 추진했으며, 환경개선 하는데 최선을 다했다.

지역이 소규모 영세 금속가공 공장들이 밀집 되어 있고, 시대가 변화됨에 따라 수동식 장비를 컴퓨터 시스템 고가 장비로 교체되어 있어서, 화재가 발생하면 화재 규모는 작지만, 그 피해액은 외부에서 보아서 이

해가 가지 않을 만치, 그 피해액이 크다는 것을 누구보다도 잘 알고 있어서, 피해를 줄이는 데 최선을 다했고,

지역 유지들과도 유대를 하면서 여론을 파악하여, 주민들이 겪는 불편 부당한 문제를 해결하고, 안전 관련 문제, 지역 발전 방안 제시 등 봉사활동 차원에서, 발전 연구를 하고 있기 때문에 자원하여 구로서로 또 다시 전보되어 왔다.

그러나 그 사이 모든 것이 내가 보기에는 이게 아닌데! 고개를 갸우뚱 할 정도로 변해버렸다. 좋게나 변했으면 좋으련만 이건 아니다. 정통성 그리고 그 좋았던 서풍이 무너지고 질서가 파괴되어버렸다.

구로 소방서를 떠났다가, 나와 같이 왔던 후배들도 나한테 말하기를 형님! 이럴 줄 알더라면 그냥 있었던 소방서에 남아 있거나, 구로 소방서가 아닌, 다른 소방서로 갈 것을 잘못 온 것 같다고 말들을 했다.

아! 어쩌다! 이지경이 되어 버렸나! 이렇게 성실하고, 열심히 일 잘하는, 직원들을 받아주지 못하고 내쫓는 현실이 가슴 아팠다. 나 자신도 용산소방서 에서 그냥 있을 것을 하고, 속으로 말을 하며 후회가 되었다. 한 후배는 선배님! 저 먼저 타 소방서로 가겠습니다. 나한테 말하고서는, 6개월 만에 구로 소방서를 떠나고 말았다.

나는 이제 얼마 남지 않았으니 참고 견디어 내야 하겠다. 정리할 것은 정리하고, 이곳 구로 소방서에서 34년 동안의 직장 생활을 마무리 하

는, 정년을 해야겠다는 마음을 다지고 열심히 최선을 다했다. 그러나 이것은 나를 무시하고 그들의 조롱거리가 되었다. 직장생활 말년에 들어서서 이런 수치를 당하는 것은 나의 심정을 괴롭혔다.

 나의 조그만 한 실수를, 큰 잘못이나 한 것처럼 한 건 잡았다는 식으로, 옷을 벗기느니 어떠니 말들 할 때는 욱! 하는 성질에, 서장실에 들어가 문을 잠그고, 서장을 감금한 채 너 죽고 나 죽자 이 새끼야! 한풀이 폭행을 할까 하다가,

 내가 왜? 저런 모자라는 놈한테, 이상한 짓을 해가지고, 지금껏 쌓아 왔던 명성을 한 순간에 날려 버릴 순 없지! 어디에 가면 당당한 대우를 받지 못할 것도 없는데! 그저 떠나 버리면 되는 것을, 그래! 소리 없이 떠나자! 마음을 정리 하고서는 떠날 준비를 했던 것이, 지금의 양천 소방서로 발령받게 되었다.

 나 자신을 변화 시키려고 열심히 노력했다. 그래서! 많은 것을 배웠다. 얼마 있으면 나이 60인데 지금껏 잘못 살았다는 것을 깨닫게 되었다. 화내지 말자! 화를 내면은 잘했건 잘못을 했던 것 을 떠나, 이미 내가 지고 마는 사람이 된다. 마음을 열어 놓고! 내려 놓고! 비워 놓고! 3고를 익히고, 문장과 시가 무엇인가를 알아보고, 실행해보니 마음이 참 편해졌다.

 이제는 잠시 손을 놓았던 책도 많이 읽고, 이것저것 습작도 해보고 싶다. 아! 그런데 이것을 어떻게 하면 좋을까? 책에 쓰여 있는 글씨가 어른어른하다. 안경을 쓰고 보노라면 눈이 피로하고, 안경을 벗으면 잠시

동안 눈앞의 사물들이 흐릿흐릿 하다. 그나마 안심이 되는 것은 지난날에 나름대로 많은 책들과 읽을 수 있는 것들을 읽어 두었던 것이 다행이다 싶다.

모든 아쉬움을 접어놓고, 이곳 구로 소방서를 떠나 새로운 둥지 양천 소방서에서 새롭게 거듭나고 싶다. 또 다른 몇몇 후배들한테서 전화가 왔다. 새로운 양천 소방서 근무발령을 축하한다나 어쩐다나, 정말 축하 받을 만한 일인지 웃음이 나와서 좋다. 매우 행복하다.

구로 소방서 개서당시, 초대 서장님은 인품이 온화하고, 말씀이 별로 없는 분으로, 당시 들리는 말에 의하면, 장모님을 모시고 사시면서, 내외분이 화목하고, 자녀들을 두지 않았다고 한다. 그래서 그런지! 서장님께서는 부하 직원들을 누구보다도 사랑하시는 분이었고, 교회 장로님이시기도 하셨다.

소방서 개서를 축하한다며, 정성을 다하여 보내온 액자 하나가 있었는데, 보내준 사람이 누군가는 기억이 나지 않는다. 우리는 "易地思之 (역지사지)"라 쓰여 있는, 이 액자를 2층으로 올라가는 중앙 계단위에 걸어놓고, 우리의 행동 하나, 말 한 마디가, 시민들에게 불편을 끼쳐서, 서장님에 대한 누가 되지 않도록 노력했으며, 힘들고 고통스럽더라도 분위기 좋고, 재미나는 직장 생활을 만드는데 최선을 다했다.

서울에서 인력장비 면에서 제일 크고, 여러 소방서에서 많은 직원들을 모아 개서하는 소방서 치고는, 좋은 직장 분위기가 빠른 시일 내에 자리를 잡았다. 타 소방서 직원들도 우리 구로 소방서에서 근무하기를 원하는 사람들이 많았었다.

그런데 이게! 뭐란 말인가? 2층으로 오르는 계단 위 중앙 벽에 붙어있던 "역지사지"라 쓰여 있던 액자는, 온데간데없고 이미 떼어져 버린 지 많은 시간이 흐른 것 같았다. 그래서 그럴까? 전통의 근간이 끊기고 말았다. 그것은 숨이 막힐 정도로, 전혀 개선될 의지라고는 보이지 않았다.

이렇게 되기까지는 몇 명의 소방 서장들이, 고 참 소방서인 큰 구로 소방서에서 근무하는 것을 선호하였고, 어떤 이들은 순리대로 하면, 해당 소방서에서 근무할 수 있는 여건이 되지 않는데도, 마지막 소방 서장을 자신의 주거지역 인근 소방서에서 해야 한다고 하여 걸쳐 가면서, 각자의 방침만을 내세워서 일하다 보니, 서풍이라고 할 수 있는 전통성 그리고 질서가 무너지고 말았다.

순리를 그르친, 이들이 소신 있게 무엇을 하겠는가? 선배라고 해서 후배보다 꼭 더 낫다고는 볼 수 없다. 후배보다 못한 선배들이, 우리 조직에서 하나둘이 아닌 것을 나는 인정한다.

그러나 원칙 없는 선후배를 무시하는 자리배치는 직원 상호간의 갈등만을 초래하여, 화합을 깨뜨리고 열심히 일하고자하는 의욕을 상실하게 했으며, 자신과 연관이 있는 직원 챙기기, 잦은 자체 인사이동으로 인한 안정감을 상실한 직원들의 심적 고통이, 지역 주민들에게 봉사해야할 기관으로서의 사명을 다하겠는가? 자신들의 처신을 알 리가 없는 이들은 떠나면 그만인 것이다.

원래 인사라는 것이 만사라는 말이 있듯이, 그만큼 신중하고 정실을 요한다. 인사라는 것이 요소요소에 맞는 사람을 배치하는 것으로, 그 예로 서린 오자(西隣五子)를 든다.

옛날 중국에 서린이라는 사람이 살고 있었는데, 그에게는 아들이 다섯 명이 있었다. 그런데 아들들 모두가 장애인 이었다. 물론 살림이 넉넉하지 못한 처지라서 먹고 살기 위하여, 할 수 없이 각자의 아들들한테 일감을 주었는데,

장남은 소경인지라 주산을 가르쳐서 샘하는 일을 맡기고,
차남 둘째는 농아라서 농사일을 하게 하고,
삼남 셋째는 귀머거리라서 장사를 하게 하였으며,
사남. 넷째는 앉은뱅이라 세끼 꼬는 일을,
오남. 다섯째는 절름발이라서 목장에서 가축을 기르는 일을 시켰다고 한다.

발령 나는 것이 당연하다. 나대로 말 못할 사연이 있다. 라고 위 내용을 간추려서 말을 했더니, 아! 형님! 그리 하였구나 말을 하고는, 그럼 건강 하시구요 다음에 연락드리겠습니다. 라고 말을 한 후 우리는 전화를 끊었다. 잠시 후 서너 건의 같은 내용의 전화가, 나에 관하여 관심을 가지고 있던 후배들로 하여금 왔다.

언젠가는 출근해서 얼마 되지 않아, 사무실에서 아무것도 모르는 채, 일하고 있는데 전화가 왔다. 예! 임상기 입니다. 말이 끝나기도 전에 저 아무개 입니다. 응! 아무개야! 말 하려는데 형님! 인사발령 났어! 뭐!~장난 하지마라! 아니 정말이야! 그래 어디로 났는데 강서 소방서로, 알았다!

순간 이상하다는 생각이 들어, 고개를 갸우뚱 해보았지만 몸속의 힘이 쑤욱 빠진다! 풀죽은 목소리로 변했다. 전화 해주어서 고맙다! 다음에 만나서 이야기하자 말하고는 전화를 끊었다.

나한테 전화를 한, 이 친구는 나에게 많은 도움을 주는 후배다. 형님! 뭐! 필요한 것 있으면 언제든지 나한테 말해! 내가 할 수 있는 것은 다해 줄테니까? 정말 능력 있는 직장 후배다. 나는 이 친구를, 살아있는 호랑이눈썹도 빼올 수 있다고 인정한다.

그날! 아무리 생각을 해도 도무지 이해가 가지 않는 인사 발령으로, 우울한 오전 일과가 끝나고 점심시간이 지날 무렵, 나한테 또 한통의 전화가 왔다.

수화기를 들고 관등성명을 말했더니, 저쪽에서 "나다! 나 아무개야! 출퇴근 하는데 조금이나마 도움을 주고자, 내가 지도를 보고 발령을 내렸다. 아~에 고~맙~습니다. 라고 힘이 빠진 말을 했다. 기뻐할 줄 알았는데 당황한 기색을 하니까! 상대 쪽에서 이상하다는 눈치를 알아차린 것 같았다.

행복한 사람

사실! 우리 가족은 아이들 통학 문제와 나의 출퇴근 문제를 해결 하고자, 경기도 부천시에서 서울로 입성하여, 근무하고 있는 구로 소방서 관할인 신도림동으로 이사하기로 정해진 상태였다.

그래서 넌지시 말씀을 드렸더니만, 아이구! 이거 어쩌나! 나는 조금이나마 도움을 주고자 한 것인데, 너한테 말이나 해보고 일을 처리할 걸! 염려하지마세요! 제가 그곳에 가서 열심히 근무하다가 때가 되면, 다시 돌아오면 되지요! 라고 말씀을 드렸더니 응! 그래라!

다음 기회에 일을 처리할 테니까? 그럼 수고하거라, 예! 다음에 뵙겠습니다. 무슨 일이 있으면 이렇게 전화를 걸거나, 만나서 이야기를 들려주고, 도와주고자하는 후배들과 선배가 있어서 나는 행복하다.

형님! 저! 이번에 조그만 한 아파트를 구입했어요! 응~그래 아주 잘했구나. 축하한다! 정말 잘되었어! 그동안 고생많이 했다. 형님! 저 이번에 조그만 한 새 차를 샀어요! 오~!그래! 아주 좋구나? 안전 운행하기를 기대한다.

형님! 저 이번에 아파트 입주권 당첨 되었어요, 언제쯤 입주할 것 같아요, 야! 그래! 그거 정말 잘되었다. 어머님과 가족들이 좋아하시겠구나? 정말 그러 하드라 구요, 그~럼! 수고 많았다. 형님! 제 큰아이가 이번 주일에 군에 입대합니다. 어! 벌써 그렇게 되었니? 그래! 잘 키웠구나? 축하한다.

이렇게! 간간히 좋은 소식들을 보잘것없는 나를 기억하면서 들려주는 사건들은, 나 자신을 뒤돌아보게 한다. 아! 내가! 친구들에게 인심은 잃어버리지는 않았나 보다하는 안도감과, 세월이 빠르게 흘러 가버리는 것을 망각한 심정이, 조금이나마 허전한 곳을 채우고 있는 것을 느끼게 한다.

내가 우리 조직에 입사해서는, 선배들의 사랑을 많이 받았다. 무엇 하나라도 더 가르쳐 주려고 관심을 많이 가져주었다. 비록 고인이 되었지만, 지금도 자꾸 생각이 나서 잃어지지 않는 것이 하나 있는데,

내가 무엇을 하고 있으면, 내 뒤로 살금살금 소리 없이 다가와서는, 무엇을 어떻게 하고 있는가를, 내 어깨 너머로 보고 있다가 야~아! 임마! 라고 말하면서, 꿀밤을 먹이고는 이렇게 해봐!

아이쿠! 아파! 머리통에 손을 같다 대면서, 가르쳐 주려면 말로하지! 라고 투덜대면, 뭐야! 임~마! 말을 하며, 그의 손을 들어 때리려는 시늉을 할 때면, 금세 우리는 하! 하! 하! 하고 같이 웃고 한 적이 있다.

내가 서울 소방에 입문한 1980년 봄 정국은 매우 혼란스런 시기였다. 시골 촌놈이 정국이 혼란스럽다 하여 어떻게 하겠는가? 처음 서울 생활과 직장생활은 이것저것 눈치 보느라, 눈알이 빙글빙글 돌아갈 정도이고, 바깥 세상은 암울하기만 했다. 시내 거리에는 매일매일 끊이지 않는 대모와, 이를 진압하려 쏘아대는 경찰의 최루 가스는, 눈을 뜰 수가 없었고 콧물을 주체할 수가 없었다.

그때 당시 소방서의 근무환경은 매우 취약했다. 우리는 제복공무원이라고 하면서도, 복장이나 모자 신발까지도 우리가 개인적으로 구입했다. 그러다 보니 같은 동료라도 조금씩 복장 모형과 색상이 조금씩 달랐다. 군대도 아니고 공무원이라고 말할 수도 없는, 어정쩡한 환경이었다고 말하면 좋다.

외감실이라고 하여 외근 감독관실을 줄여서 부르는, 지금의 노무자 관리 사무실 같은 것이 있었고, 일반 전화기 한 대가 있었다. 이 전화기 한 대를 수십여 명이 같이 쓰고 있었고, 전화가 왔다고 하여 전화를 받으러 갈 것 같으면, 먼저 닫혀있는 출입문에다 노크를 한다.

사무실 안쪽에서 에~하고 퉁명스런 소리가 들리면, 사무실문을 조심스럽게 열고 안으로 들어서서는 차렷 자세를 취하고, 군대식으로 계급 성명을 큰소리로 외친 후, 외감실에 용무가 있어서 왔습니다! 라고 말을 하면 총감독자인 소장이 용무는? 하고 말을 하면서, 귀찮다는 듯 표정을 지으며 위아래로 쳐다본다.

전화 받으로 왔습니다! 하고 말을 한 후, 소장의 책상위에 놓여있는 전화기에서 전화를 받을 것 같으면, 소장은 뻔히 쳐다보면서 상호간 말하는 소리를 다 듣고 있다. 전화가 조금이라도 길어질 것 같으면 소장의 얼굴이 변한다.

그래서 나는 상대방에게 말을 하지 않은 채 응! 응! 알았어! 빨리 전화 끊어 라고 말을 하고는, 상대방의 전화가 길어질 것 같으면 일방적으로 전화를 끊어버렸다. 그리고는 또 한 차례의 차렷 자세로 계급 성명을 대고 용무 마치고 돌아갑니다! 라고 신고를 한 후 뒤로 돌아서서, 조심스럽게 출입문을 여닫는다.

누가? 전화 왔다고 말을 하면 달갑지가 않다. 그냥 얼굴이 굳어져 버렸다. 상대방이 이러한 실정인 것을 알 수가 있을 리가 없다. 이런 사건으로 인하여 나는 지금도, 형제들과 사이가 퍽이나 좋지 않는 운명을 안고 있다.

나는 처음으로 백색전화와 청색전화가 있다는 사실을, 소방서에 들어와서 알았다. 이사를 갈 때 현재 쓰고 있는 전화기를 가지고 가느냐, 놓고 가느냐의 구분이었다. 청백색중 어느 것을 가지고 가는지는 기억이 나지 않는다.

소장은 우리가 출근하면 매일매일 소방훈련을 시켰다. 단 한 번도 그냥 거르는 날이 없었다. 어떤 때에는 독일제 마기루스 소방차 44m 높이의 고가 사다리차를 서정 한가운데 펼쳐놓고서는,

사다리횡목을 잡고 맨 위까지 올라갔다가 내려오는 훈련도 시켰고, 소방망루에 사다리를 펼쳐서 걸치게 하고는, 사다리횡목을 잡고 올라가서 망루 계단을 통하여 내려오는 훈련도 시켰다 (1980년 이전 서울4개 소방서에 설치되었던 화재발생 감시용 고층건물로 현재는 존치되고 있지 않음),

서정 가운데 고가 차사다리를 펼쳐놓고(지상44m 높이), 횡목을 하나하나 잡고 맨 끝까지 올라갔다가 내려오는 훈련 중, 사다리가 흔들릴 때는 정신이 아찔하고 겁이 나기도했다.

격일제인 다음날 비번일에는 아침에 퇴근했다가 소장 퇴근시간에 맞추어 우리들은 출근해서, 사복을 근무복으로 갈아입고, 기동화를 착용한 후 작업모를 쓴 다음, 복장상태를 서로 확인한 후에 외감실에 집합하여 소장한테 각자 계급성명을 복창하고, 관내 순찰대상을 신고하고는 순찰근무에 당했다.

어떤 때는 우리들은 신고가 끝난 후, 소방서 서정을 나서자마자 다방에 모여, 각자의 신세타령을 늘어놓았다. 잠시 후 자리에서 일어나 각자의 순찰대상처에 가서, 순찰함의 순찰 표를 꺼내서 날짜와 시간을 기록하려고 보면,

이미! 소장이 먼저 사인을 하고 가버렸다. 순간 몸에 힘이 쭉 빠져버렸고, 터벅터벅 걸어서 서로 돌아와 옷을 갈아입고, 버스를 타고는 집으로 돌아왔다. 버스 안에서부터 집에 들어와 잠들기 전까지 걱정이 앞선다.

다음날! 출근길에도 마음이 편하지가 않았다. 그날의 순찰은 무효가 되어버렸고, 우리들은 다음날 그 잘난 외감실에 불려가서, 소장한테 혼쭐이 나고 선처를 호소했다.

아침 근무교대 시간이 한 시간을 넘기는 것은 말할 나위가 없었다.

두 시간을 넘길 때도 종종 있었다. 지시사항이라며 잔소리를 하다가, 여러 개의 공문을 읽어주다가, 설명한답시고 또 잔소리를 한다.

어떤 때는 정신적으로 육체적으로 정말 힘든 시간들이었다. 지금 생각하면은 왜? 그렇게! 소장 그 사람은 우리를 괴롭혔는지 모른다. 들리는 말에 의하면 뒤끝이 좋지 않았다는 소문이 들렸다.

당번일 다음날 아침이면, 나는 선배들이 아무도 일어나지 않는 시간 일찍 일어나, 청사내외 청소를 다해치웠고, 밤새 화재출동을 하여 건조대 밑에 쌓아놓은 여러 개의 소방호스를, 혼자서 세척하여 건조대에 걸어 말렸다.

선배들은 아침 자리에서 일어나 깜짝 놀랐다. 어떻게 혼자서 세척은 할 수 있다지만, 높이가 10m가넘는 건조대에 걸어 말렸느냐? 이해가 가지 않는다고 말을 하였다.

궁하면 통한다는 말이 있다. 나는 사물을 관찰하기를 좋아한다. 그래서! 세척한 소방호스를 누구의 도움 없이도, 높은 건조대에 쉽게 거는 방법이 없을까? 생각하고는 건조대의 구조를 세심히 관찰했다.

그리 하였더니! 높은 건조대에 올라가서 소방호스를 걸거나, 호스를 걸 때 건조대 올라갈 필요가 없는 요령을 터득했다. 아무도 알지 못하는 나만의 노하우가 되었다.

이! 요령을 터득하기 전 까지는, 나는 몇 개의 소방호스를 도르래에 걸어 올리고는, 건조대 밑에 로프를 붙잡아 매어두고, 잽싸게 건조대 위에 올라가서, 건조대 고리에 소방호스를 하나씩 걸어두고, 내려와서 같은 방법 반복했었다.

내가 대기실 청소를 할 때면, 선배들은 각자 자기의 신발을 손에 들고 있었다. 마포걸레를 깨끗이 빨아서 물을 꽉 짠 후, 바닥에 얼굴이 보일정도로 수시로 닦아냈다. 선배들은 미안한 마음이 들었는지 애! 조금 쉬었다가 하라고 말하기도 하고, 마포걸레를 빼앗다시피 하기도 했다.

선배들과 소방용수 조사라도 나갈 때면, 선배는 복장과 조사기구등 모든 준비를 차질 없이 해가지고 밖으로 나갔다. 나는 그저 따라다니는 사람정도에 불과했다.

나더러 들고 가라고도 말하지 않았고, 들고 가게하지도 않았다. 소화전 뚜껑을 열고, 전실내부에 있는 시설에 대하여 설명을 한다. 그리고는 개폐 변을 열고 닫는 요령과, 출수확인을 하는 것을 설명한다.

지금은 제수변이 전실 안에 있었지만, 소화전이 가로 세로 30cm밖에 안되어 따로 떨어져 있었다. 위치를 잘 알아 놓지 않으면 안 되었다.

지수리 조사가 끝나면, 선배는 인근 구멍가게로 들어가면서, 우리 잠시 목이라도 축이고 가자며 칠성 사이다를 샀다. 둘이 나누어 마시고는 서로 들어와 간단히 샤워를 하면 그날의 비번 행사는 끝이 났다.

정말 힘들어서 사표라도 쓸 것 같으면, 선배들이 이리달래고 저리달래고하여 한동안 잘 지내다가도, 해당부서에 또다시 사표를 제출 하면은, 너! 정말 사표 썼냐? 말을 하고서는, 곧바로 해당부서로 찾아가, 내가 썼던 그 종이를 되찾아가지고 돌아와서는,

내가보는 앞에서 보기 좋게 찢어서, 그만 휴지통에 던져 버리고는, 정신 차려! 자식아! 라고 호통 치듯 말하고는 성질이 풀리지를 않았는지 너! 한번만 사표 쓰면 죽여 버리겠어! 라며 훈계를 준다. 내가 아무것도 가진 것 없이 결혼을 하고, 아이들을 낳아 힘들게 키우면서도, 이런 일이 한두 번이 아닌 여러 번 있었다.

이런! 선배들의 배려에 감사하는 맘으로, 나는 모든 직장일에 최선을 다했고, 최고가 되었다고 자부한다. 이러한 최고가 되었기 때문에, 나 자신이 현장 활동에 있어서 3번의 죽을 고비와 1번의 동료들의 만류를 뿌리치고 죽기를 각오하고, 폭발일보 직전의 현장에 뛰어들어 일을 처리해서 나 자신과 사고현장 주변의 사람들 생명과 재산을 보호 받았고,

시장화재 진압 중 천정이 무너져, 불구덩이에 갇힌 나의동료 생명을 구할 수 있었고, 아파트 화재 현장에서 불속에 갇힌 장애인, 숙박시설 화재 현장에 갇힌 노인등 수건의 인명구조로, 시민의 생명을 보호하고 재산을 보호할 수 있었다.

추운 한겨울 주택화재가 발생하면, 죽을 각오로 최선을 다하여, 집을 다 태워 버려 절망을 안겨 주기보다는, 방3칸 중 1칸만이라도 지켜내어,

희망의 불씨를 가지게 하려는, 내가 말하는 소방관 정신으로 지금의 직장에서 34년이라는 직장 생활을 하고 있다.

고인이 된 선배들도 있고 하지만 선배들을 만날 때면, 지금은 어떻게 지내고 있느냐? 너 절대 명퇴니 뭐니 해서는 안 된다. 아예! 생각도 하지 마라! 지금의 세상 밖은 그게 아니야! 체면이고 뭐고 힘들더라도, 지금까지 해왔는데 뭐! 꾹 참고, 퇴직하는 날까지 꾹 있다가 나오너라. 라고 말을 하고는,

나하고 약속을 하자! 이 말에 또 마음이 약해져서, 집 사람도 그만 명퇴하면 어떻겠냐? 정리하고 시골 같은 곳으로 가 살자고 말해도, 못 들은 척하고 아침이면 현관문을 나서고 있다.

오늘도 기분 좋게 출근을 했다. 후배들 중에는 형님! 퇴직 하더라도 멀리 가지 마셔요? 왜? 그래야 시간을 내서 만나가지고, 식사라도 하면서 이야기를 하지요? 라는 말을 들을 때는 나는 행복한 사람이다.

하나님께서 철을 따라 우로를 내리신다고 하시는데, 정말 나에게 이 은혜가 임하고 있어서, 감사하는 마음으로 하루하루를 살아가고 있다.

그런데 나는 받는 것 보다 주는 것이 적은 것 같아 부끄럽기도 하다. 그래서! 이런 사랑을 후배들과, 새로 입사하는 직원들에게 나누어주고 있기는 하지만 미약하다. 그러나 그 효과는 훨씬 클 것으로 기대한다.
2014.5.25 정랑고개에서 씀

복 받은 자와 미친놈

어느 늦은 봄날 아침! 나의 일인 자가용은, 밤새 비온 뒤끝의 촉촉한 이슬비속 왔다 갔다 길을 따라, 여느 때처럼 나를 직장으로 출근 시켜 주었다. 오늘따라 미스터 김의 안색이 좋지가 않아! 무슨 일이 있었구나 싶어! 물어보지 않을 수가 없었다.

김 형! 무슨 일이 있었어? 응! 어제! 여섯 살 딸아이가 집에 오면서, 유치원 버스에서 내리다가 발목뼈가 심하게 부서지는 교통사고를 당하였네! 병원에 입원해서 치료를 받고 있는데 걱정이 되는구먼! 그럼 걱정이 되고말고! 아무 탈 없이 치료가 잘되었으면 좋을 텐데, 시간을 내어서 한번 가봐야겠네!

다음날 병원을 찾아 갔더니, 이 친구는 어디에 갔는지 없고, 그의 집사람이 아이를 간호하고 있었다. 아이의 붕대감긴 발목을 확인하고 손을 얹은 후, 잠시 눈을 감고 간단한 기도를 드렸다.

감이 있어서 아이의 어머니에게! 크게 걱정 하지 않아도 될 것 같습니다. 치료도 잘될 것 같고요! 혹시 교회는 나가십니까? 라는 말을 하고는 교회에 나가 기도생활 하는 것도 좋다는 이야기를 해주고 병원 문을 나섰다.

　부상당하여 병원에 입원하고 있는, 아이의 아버지 미스터 김이 다음 날 출근하여 말하기를, 무슨 말을 그렇게 많이 했느냐? 내 집사람이 너더러 『미친놈 이라고 말하더라』 그렇게! 말하던지 말든지! 크게 걱정할 것 까지는 없을 것 같고! 아이는 괜찮을 것 같다. 사람 생각보다 치료가 잘되고, 빨리 완쾌 되어 퇴원 할 것 같다고 말했다.

　그 사건이 있은 후! 얼마 지나서, 그의 부인이 가문 대대로 불교집안 이었고, 열렬한 신자라는 것을 알게 되었다. 그의 딸아이는 생각 외로 치료가 잘되어 무사히 퇴원하였고, 이후 아무 탈 없이 잘 자라 성년이 되었다.

　아니! 이 일을 어찌 하나! 구김살 없이 자라서 인지, 언제나 명랑하고 웃음을 놓치지 않는, 용모가 준수하고 건장한, 믿음직스런 P군과 근무한 적이 있었다. 이 인연으로 P군한테 마음을 둔, 여직원을 소개하여 한 가정을 이루게 했었다.

　이러한 P군이 불의의 사고로, 갑자기 입원을 했다고 한다. 어쩌면! 치료 후 불구가 될 수도 있다는! 불미스런 이야기를 접하고, 곧장! 병문안을 가지 못하는 심정이, 너무 답답하다 못해 마음이 아팠다.

　P군은 화재 현장에 나갔다가, 화재를 진압한 후 소방서로 돌아가기 위하여, 비탈길 좁은 골목에서 후진하던 소방차 뒤를 봐주다가, 차가 갑

자기 미끄러지면서 길옆에 있던 전봇대 사이에 몸이 끼이면서, 오른쪽 대퇴부를 크게 다치고 말았다.

이일이 있고난 후 수일이 지나서야, 서둘러서 병문안을 갔었다. P군은 밝은 표정을 지으며 매우 반가워했고, 명랑함을 잃지 않았다. 그의 얼굴에서 걱정되는 기색 이라고는 조금도 찾아 볼 수 없었다.

자신의 머리를 손으로 긁적이면서 아~이 걱정을 끼치고, 찾아오게 해서 미안할 따름 이란다. 병문안을 하고난 후, 내가 할 수 있는 일이란? 전화로 위로의 말을 전하고, 기도하는 것 외에는 아무것도 없었다.

무엇이 그렇게도! 크게 얻어지는 것 없이 나를 바쁘게 하는지? 이일이 있고난 후 몇 주일이 금방 지나가고 말았다. 아무리 바빠도 시간을 내어서 병원을 다녀와야겠다는 마음을 단단히 하고는 길을 나섰다.

P군을 보는 순간 안색이 썩 좋아 보이지 않았다. 무슨 심각한 일이 있었구나! 하는 마음이 다가왔다. 지난번 병문안을 하고난 이후, P군은 자신의 엉덩이 살을 허벅지 부위에 이식하는, 두 번에 걸친 대수술을 하였으나 실패를 하였다고 말했다. 이제는 마지막 한 번의 수술을 남기고 있는데, 이번에 실패를 하면! 다리를 절단할 수밖에 없다는 담당 의사의 진단이 있었다고 시무룩한 어투로 말을 했다.

아! 순간적으로 현기증이 나면서, 머리가 좌우로 설레설레 하며, 다리에서 힘이 쑥 빠지면서, 안~돼! 이럴 수는 없어! 나도 모르게! 비명이 입안에서 맴돌았다.

모든 것이 잘 될 거야! 우리 모두 기도하자! 마음을 굳게 먹어라! 모든 것이 너의 마음먹기에 달렸다. 너는 할 수 있을 거야! 병원을 나오면서 하늘을 보았다. 아! 어떻게 하나! 우리가 할 수 있는 것이 무엇이 있는가? 마지막 수술이 잘 되기만을 바라는 마음밖에 없다.

집에 돌아오자마자 전화기를 들었다. P군의 어머님한테! 그리고 장모님한테! 저는 누구이고 P군과는 어떤 관계이고, 조금 전에 병문안을 하고 왔는데! 상태가 심각 합니다. 이제는! 기도 외에는 길이 없습니다. 우리 모두 기도할 수밖에요? 기도부탁 드립니다! 라고 말씀 드렸더니, 두 분께서 걱정이 가득한 목소리로 잘 될 수만 있다면! 해~ 야지요! 하고말고요! 하겠습니다.…….

아니 이럴 수가!
이런 일이 있은 후, 한 20여일이 지났을까? 사무실로 전화가 왔다. 전화를 바꾸어 말을 하려하니, 저쪽에서 먼저 말을 건네 왔다. 저! 아무게 입니다. 응! P군이라고! 그래! 수술은 잘되고? 무엇이 그리 바쁜지 그간 안부 전화 한 번도 못하여 미안한 마음으로 물어 보았다.

예! 지금 사무실에 계시면 인사드리러 갈려고요? 아니 뭐~ 다 낫고! 난 뒤에 보면 되지? 온전하지도 않을 텐데! 힘들게 그렇게 할 필요까지 있느냐? 다!~ 왔는데요? 거기가 어디인데 K역이요, 갑자기 이상한 생각이 들면서! 고개가 갸우뚱 거렸다! 오겠다는데! 더는 말릴 수도 없고, K

역 이라면 우리 사무실에서 가까운 거리에 있지만, 처음 찾기가 그리 쉽지 않는 곳이다.

　잠시 후에 도착합니다! 너무 기다리지 마십시오! 차를 가지고 오느냐? 아니요! 그러면 휠~췌어 타고 오냐? 아니요! 그러면 목발 짚고 오느냐? 아니요! 아! 이상하다! 전화를 끊고 아무리 생각해 봐도, 이것이 어떻게 되었다는 말인가?

　사무실 밖 큰길가를 바라보고 있었다. 아니 저게 누구야! 바로 그 P군이 걸어오고 있었다. 다리도 절지 않고 뚜벅! 뚜벅! 뚜벅! 할~렐~루야! 오! 하나님! 감사합니다! 나는 P군의 명랑한 웃음을 감사의 선물로 받았다.

1승 1패

소방에 몸담아 현장 활동을 하다 보니, 기가 막히게! 똑같은 상황이 전개되는 것을 체험한 적이 있어 소개한다. 관할이 다르고 시기가 다를 뿐인데, 이러한 화재현장에서 나는 1승 1패를 했다.

1987년 6월경 강서구 마곡동에서 있었던 일화로, 지금은 시대가 변하여 건설 현장에서 콘크리트 몰탈을, 쇠붙이로 제작하여 구조물이 양생될 때까지 사용하지만, 그때는 거푸집 이라 하여 각목에 합판을 붙여서 사용했는데,

한번 사용한 거푸집은 다음번에 사용하기 위하여, 기계에서 쓰고 버린 검은색 폐유를 칠해서, 한적한 공지에다 산더미같이 쌓아두곤 했다. 이러한 물건을 임대하는 업자도 있었고, 그때까지만 해도 환경오염이 어떻고 하는 때는 아니었다.

그런대! 이 야적장에 화재가 발생하였다. 불은 삽시간에 야적더미를 덮치고 말았다. 우리는 심한 복사 열기와 눈앞을 가리는 검은 매연으로 뒤로 밀리지 않을 수 없었다. 소방호스 65 미리 노즐에서 계속 뿜어대는 물줄기는, 심한 화세를 진압하는데 아무런 소용이 없는 듯 한계가

있었다.

현장 뒤쪽에서는 사람들의 아우성치는 소리가 들려왔다. 나중에 알게 된 일이지만! 우리 뒤에는 생활이 넉넉하지 않은 여러 세대가 세 들어 살았고, 정신없이 자기들의 가재도구와 세간살이 들을 옮기고 있었다.

화세가 꺾일줄 모르는 화마는, 이제 커다란 기와집을 통째로 삼킬 듯이 높은 파도처럼 휘 백색의 혀를 날름거렸다. 이제 더 이상 뒤로 밀려서는 안 된다! 낭떠러지를 뒤로하고 싸우는 용사처럼, 우리는 필사적인 각오로 소리를 지르면서 화마와 최후의 일전을 벌였다.

아! 어찌하랴! 이것이 우리의 한계라는 것을! 정말 허무하다. 순식간에 그 커다란 집이 소실되어 버렸고, 여러 세대의 이재민을 만들고 말았다. 이 참담한 현실 앞에서! 정말 가슴 아프고 속이 상하여 나도 모르게 눈물이 났다. 조금만 더! 더! 노력했더라면 하는 심정에 사로잡혀 온몸이 몇일 동안 결리고, 쑤시고, 하는 것조차도 잊고 말았다.

이일이 있고 난 후 몇 해가 지나고, 나는 구로소방서 고척 파출소에 근무하게 되었다. 어느 날! 파출소 관할에서 화재가 발생하여, 야산 아래에 있던 군소 작업장 여러 곳이 소실되었고, 이 화재로 공터 한쪽에 쌓아두었던 커다란 거푸집 더미에 연소가 되었다.

몇 해 전에 태워버린 크기가 비슷한 기와집이 근접해 있었고, 여러 세대가 살고 있는지? 한쪽에서는 세간을 옮기는 사람들, 수도꼭지에 호스를 연결하여 지붕에 물을 뿌리는 사람들로 아우성을 치고 있었다. 금방이라도 화마는 이 집을 삼킬 듯이 혀를 날름거리고 있었다.

안~돼! 번개 치듯 나의 뇌리에서는 쓰라린 과거가 번쩍였다. 두 번 다시 이런 패배가 있어 서는 안 된다! 소방호스 65 미리 노즐을 어깨에 메고 팔에 있는 힘을 다하여 힘껏 당겨, 화점에 더 가까이 다가가면서 계속 방수하였다. 순간적으로 기와집을 향해 복사열을 막기 위해서 분무주수를 했다. 이렇게 사투를 한지 얼마의 시간이 지났을까? 계속 집중방수 하여 화재를 완전 진압 하였다.

아우성을 치던 사람들이, 한숨을 들이켜기나 했는지는 알 수 없었다. 모두 모여들고는 나와 동료들한테 아저씨들 고마워유! 정말 수고 많었어유...말을 하는데 나는 아! 내가 해냈는가? 이번에는 이겼단 말인가? 나도 모르게 눈시울이 적시어졌다.

3일간의 숨바꼭질 이야기

2005. 5. 24.(화) 날씨 맑음

근무 중에 아내한테서 전화가 왔다. 딸아이 은정이가 학교에서 집으로 간다고 해서, 신도림동에서 안양 천변을 따라 은정이 학교로 가는 중에 전화를 걸었더니, 2호선 전철 문래역에서 전철을 타고 집으로 간다고 말을 하였다고 한다. 나와 아내는 놀라지 않을 수 없었다.

은정이는 생후 7개월 때, 병원에서 주사 쇼크 사고로 지능이 낮아 지적장애 2급에다. 지체 장애 3급이다. 지금껏! 고등학교 3학년이 되까지 단 한 번도 은정이 혼자서 학교에 가거나, 집에 돌아온 적이 없어서 길을 잃고 헤매면 어쩌나 겁이 났다.

근무 중인 나는 어쩔 수가 없었고, 아내는 태연하게 나에게 전화하면서, 딸 하나 잃어버리는 것 아닌가? 하고 묻기에 허튼소리 하지 말라고 하고, 빨리 딸아이 은정이가 대림 전철역으로 혼자서 갔다 하니까? 그곳으로 가라고 했다. 나는 망설이지 않을 수가 없었다.

시간이 한참 지나 아내한테서 전화가 왔다. 딸아이 은정이가 우리 아파트 상가에서 물건을 고르고 있더란다. 너무 놀라고 기뻐서 눈물이 났다. 주여! 감사 하나이다! 우리 예수님께서 나의 기도를 들어주셨구나 하는 감격이 앞섰다.

그간 나는 우리 주님께! 내 딸아이 은정이에게! 나이에 걸맞는 지혜를 주실 것을 간구하였다. 어려울 때나, 언제든지 나의 기도를 들어주시는 하나님을 믿는 가운데 또 하나의 현실을 체험했다. 오! 주여 감사 하나이다!

2005. 5. 26(목) 날씨 맑음
오늘은 큰아이 창호가 군 복무기간을 모두 마치고, 제대하여 귀가하는 날이다. 아내는 아침부터 준비를 하고 나는 직장에 출근하여 전화만 기다리고 있었다. 오후 시간에 아내한테서 전화가 왔다.

딸아이 은정이를 학교에서 데려오려고 집을 나서서, 엘리베이터를 타고 아래층에 내려서 가는데, 딸아이 은정이가 오늘은 학교에서 안양천변 길을 따라 신도림으로 가서, 마을버스 9번을 타고 집 앞, 영림 중학교 앞 정류장에서 내려 엄마! 하고 부르면서 걸어오고 있더란다.

아내와 마치 숨바꼭질하는 것처럼, 참! 이상도 하고 매우 즐겁기도 하였다. 딸아이 은정이가 놀라울 정도로, 요즈음 따라 새롭게 변화 되었다. 큰아이 창호도 씩씩하고 건강하게 아무런 탈 없이 제대를 했다. 나의 사무실로 인사를 왔다. 참! 좋으신 하나님 은혜에 감사하니 눈시울이 적신다.

2005. 5. 27(금) 날씨 맑음

아침 8시 미처 못되어서 사무실로 아내한테 긴급히 전화가 왔다. 딸아이 은정이가 혼자서, 학교에 전철을 타고 간다고 대림역으로 갔단다. 수십 분이 지나 아내가 딸아이 은정이한테 전화를 걸어, 학교에 도착을 잘 했는지 확인하니까?

엄마! 차 잘못 탔어! 라고 당황하며 말하였다고 한다. 어디냐고 물어보아도 딸아이 은정 이는 어디인지를 알 수가 없어, 말을 못 하니 답답하고 걱정이 되었다. 평상시에도 은정이 말은 엄마나 알아듣지, 다른 사람들은 알아듣지 못한다.

아내는 근무 중인 나더러 어떻게 하면 좋으냐고? 전화를 걸어 나를 당황하게 했다. 나는 당장 아내한테, 딸아이 은정이한테 전화를 걸어 옆에 있는 사람, 아무라도 전화를 바꾸어 달라고 해서, 지금 그곳이 어디인지를 물어보라고 말했다. 잠시 후 아내한테서 전화가 왔다.

딸아이 은정이가 역삼역에 있단다. 다시 전화를 걸어 옆에 있는 사람을 바꿔 달라고 해서, 딸아이가 차를 잘못 탄 것 같으니, 대림 전철역으로 돌아가게 해달라고 부탁하라고 했더니, 마음씨 착한 한 아가씨가 딸아이를 삼성역에서 같이 내려서, 대림역 방향 전철을 태워 주었다고 한다.

아내는 딸아이에게 계속 전화를 걸어, 어디쯤 왔는지 물어봐도 딸아이가 알 수가 있나, 답답해서 누구든 옆에 있는 사람을 바꾸어 달라고 했더니, 아무도 없다고 말만 하니, 답답하고 망설여지는데, 딸아이 전화기에서 전철 안내 방송이 사당! 사당! 하드란다.

　전화를 끊고 한참을 기다린 후, 다시 전화를 걸었더니 딸아이가 대방이라고 하여, 아내가 신대방이라고 말했더니 응! 그렇다고 말하기에, 그래서! 은정아! 그 정거장 지나오면 대림 전철역이니까 내리라고 말하고, 잠시 기다리니까, 딸아이 은정이가 엄마! 하고 부르면서 달려 오드란다.

　딸아이 은정이가 신도림과 신대방을 착각한 모양이다. 은정이 는 1주일에 한 번씩, 도움이 할머니와 함께 신대방역을 이용하여, 복지관 음악 켐프에 간다. 그래서 전철이 머무르니까 차를 탔는지 모른다. 차를 타고 가면서 아차! 이곳이 아니고 저곳도 아니니까, 계속해서 전철 안에 있었던 것 같다. 어찌 되었든지 오늘은 딸아이가 사고를 치고 말았다. 그래도 주여! 감사하나이다. 안전과 생명을 지켜주시고 항상 함께하시는 하나님! 아멘!

자신을 삼켜버린 메아리

초하의 오월 마지막 주, 장맛비가 오듯 여러 날 계속 내리더니, 끝자락에 들어서려는지! 이슬비가 차창에 부딪쳐 흘러내린다.

강서구 방화동 골목길, 다가구주택 주차장 앞 빈자리에 잠시 차를 세웠다.

막! 차를 세우고 문을 열고 밖으로 나오는데, 아저씨! 아~저 씨! 소리를 지른다. 말하는 사람을 찾으려고, 고개를 돌려 주변을 살펴봐도 보이지가 않는다. 그냥! 예~! 잠시만 멈추었다가 가겠습니다. 말만 날려 보냈다.

아~저 씨! 아~저 씨! 목소리가 크게 들리기만 하고, 말하는 사람이 보이지를 않아 큰소리로 아! 글쎄! 잠시 후에 간다니까요!
계속해서 아~저 씨! 아~저 씨! 소리를 지른다.
아-저 씨! 그게 아니고요!
뭐~!
그게! 아니고 라니! 도대체 어디서 들리는 말소리야?
두리번! 두리번! 거리는데, 아~저~씨 여기~요! 여기~좀 보세요!
이제는 무엇인가를 텅! 텅! 텅! 소리 나게 두드리면서 말을 한다.

소리가 나는 곳 을 바라보았다!

아뿔싸!
주차장 주차면 하나 크기의 벽면에 사방 한자 크기도 못될 창문을 내고, 방범창을 설치한곳 안에서, 아~저씨! 이쪽으로 좀 와보세요? 말을 하기에 다가가서, 잠시 후에 차를 돌려서 가겠습니다. 죄송하다고 정중하게 양해를 구한다는 말을 했더니!

그게 아니고요!
이것이! 고장이 나서 밖으로 나갈 수가 없어요! 그의 손에 들고 있던, 부서진 출입문 손잡이를 보여주었다. 순간! 아! 화장실문이 고장 나서, 안에 사람이 갇혔구나! 현관 출입문은 열려 있습니까? 예! 어느 쪽으로 들어갑니까? 앞쪽으로 들어가면 됩니다. 신속하게 집 안쪽으로 뛰어 들어갔다.

문손잡이를 확~꽈당! 잡아 당겼다가, 순간적으로 문이 부서질 정도의 힘을 실어 얍! 소리를 내면서, 앞으로 세게 밀면서 다른 한손으로 내리쳤다. 순간적으로 문이 열리고 30대중반의 건장한 남자가 밖으로 나오면서 긴 한숨을 내쉬었다. 아저씨! 고맙습니다!

나는 그가 얼마나 답답했을까! 화장실문 손잡이가 고장이나 자, 얼마나 당황했기에 장년의 힘을 다하여, 손잡이를 흔들어 댔기에 그만! 손잡이가 망가지고 말았을까!

손잡이가 부서지고 잠긴 문이 열리지 않자, 얼마나 겁에 질리고, 오로지 그 조그마한 창문 밖을 보면서, 혹여 누구라도 그의 집 앞 길을 지나가는 사람만을, 기다리고 있었을 것을 생각하니 고개가 갸우뚱 해진다.

그리고 얼마 동안을 그 조그마한 화장실 안에 갇혀서, 자기를 도와줄 사람을 기다리고 있다가 우연 하게도 나를 만났을까? 나는 왜? 비 오는 날 그 시간에 그곳에 갔을까?

몇 일전에 큰아이 직장일로, 말일에 입주하기로 하고 그 주변에 자그마한 단칸방을 세내었다. 아내는 간단한 침구와 필요한 생활도구 등을 챙겨 가지고는, 그 집으로 가서 방안에 물건을 들여 놓자고 말을 한다.

아니! 왜! 하필이면 비 오는 날 물건을 옮기자고 하느냐? 마음이 내키지는 않았지만, 지하 주차장으로 가서 차를 가지고 나와 짐을 싣고 그곳으로 갔다.

비 오는 날 누가 꼭 할 일이 있지 않고는 밖으로 나오지도 않았을 것이고, 그 사람 집 구조로 보아, 그 길을 지나치는 사람이 있었다 해도! 후미진 조그마한 창틀 사이로 그 사람의 소리를 듣고, 그냥 지나쳤으면 지나쳤지, 다가가 도움을 줄 수 있는 사람은 아무도 없었을 것 같았다.

오늘 아침 자리에서 일어나 주여! 오늘도 저의 손길이 필요한 곳에 제가 있게 해 주십시오! 기도가 이루어진 것 같아 믿음이 굳건해진다.

야간근무 교대 시간이 얼마 남지 않은 어느 날! 한 아파트 화장실에 사람이 갇혀 있다는 신고를 받고 곧장 현장출동을 하였다. 현장에 도착하여 상황을 살피는데, 50대 초반으로 보이는 남자 한 사람이 여기입니다. 제가 신고를 했습니다.

어떻게 된 상황 입니까? 그러니까 제가 이집 아래층에 살고 있습니다. 퇴근을 해서 집에 들어가려고 하는데, 위층에서 이상한 사람 소리가 들렸습니다. 소리가 나는 곳으로 가보았더니, 바로 이 층에서 아주머니가 무엇인가를 두드리면서, 소리를 지르고 있었습니다.

무슨 말인가를 알아들을 수가 없어서, 아주머니! 아주머니! 무슨 일이 있어요? 큰소리로 말을 하고 문을 열려고 하는데, 출입문이 안쪽에서 잠겨 있어서, 문을 두드리면서 무슨 일이 있어요? 라고 말을 했더니,

아~저씨! 문 좀 열어 주세요! 문이 안쪽에서 닫혔는데요? 아~니! 화장실 문을 열어주세요? 아주머니 어떻게 되었어요? 화장실문이 열리지 않아요! 아주머니! 화장실 문이 열리지 않다니요? 아~저씨 화장실에 갇혔어요! 아뿔싸! 아주머니가 혼자 집에 있다가, 화장실에 일 보러 들어 갔다가 화장실문이 고장 났구나! 빨리 119에 신고를 해야지! 하고서 서둘러서 신고를 했습니다.

현장 도착즉시 문을 두드리며, 큰소리로 아주머니! 119소방대원 입니다. 진정 하시고 잠시만 기다려 주시기 바랍니다. 아주머니! 현관문 열

쇠 번호를 천천히 불러주십시오? 우리 옆에 있던 신고자 아저씨가 아니지! 아! 잠 시만요! 내가 이 자리에 있을 때가 아니지! 아래층 계단으로 내려갔다.

자! 아주머니 현관문 열쇠 번호를 말해주세요? * 0 0 0 0 * 문이 열리지 않는다. 아니! 아주머니! 천천히 다시 한번 말씀 해주세요? * 예 0 0 0 0 에 * 현관문이 열렸다.

똑! 똑! 똑! 가볍게 화장실문을 노크를 했다. 아주머니! 화장실문 손잡이가 고장 나서 해체 작업을 하겠습니다. 잠금장치는 다시 사용 할 수 없습니다. 양해 바랍니다. 아주머니 잠시만 기다려 주시기 바랍니다.

간단한 작업수공구를 이용하여 화장실 문을 열었다. 아기까지 업고 있던 아주머니 후~유~ 아~이~고! 할 말을 잃어버린 표정이다. 아주머니! 안정을 찾으시고요! 저희는 이만 돌아가겠습니다.

얼마나 황당했을까? 그 좁은 화장실 공간에 갇혀서! 고층 아파트 특성상 큰소리를 친다고 해서 누가 들어 주기나 했을까! 공포감에 쌓이는 순간, 다행이도 이웃 아저씨가 마침 집에 일이 있어서, 평소보다 조금 일찍 퇴근을 했다는데, 이웃 아주머니에게 도움을 주었던 것이다.

앞에서 말했듯이 이런 사례는 종종 있어서, 어느 때는 가족들 모두가 주출입문 자물쇠 고장으로, 문이 열리지 않아 가장은 회사에 출근을 못하고, 아이들은 제시간에 학교에 가지 못하는 사례도 있었다.

창문으로 나오면 되지! 하겠으나, 창문마다 도난방지를 위해 방범 창틀을 설치했으니 어찌! 할 것인가? 집안에 전화라도 있어서, 119구조 신고라도 했으니 다행이라고나 말할 수 있는 경우이다.

이른 아침 공원 화실에 갔다가 화장실문이 고장 나서, 밖으로 나오지 못하다가 마침! 아침 산책을 나온 사람의 119 구조신고로 도움을 받은 사례 등, 그렇다면! 이러한 사례를 사전에 예방하기 위하여 어떻게 하면 좋을까를 생각해 보았다.

오래된 출입문 잠금 장치는 즉시 새것으로 교체한다. 습기에 의해 녹이 슬어, 탄력성이 약해진 스프링과 부품 등에 윤활유를 칠해서 사용한다. 혼자서 집안에 있는 화장실에 갈 때는, 화장실 문을 꼭 닫지 말고 약간 문을 열어 놓는다. 휴대용 전화기를 화장실 안으로 가지고 간다.

교통안전이란 무엇인가?

　우리 주변에는 교통안전에 관련한 전문가가 많이 있다. 필자는 각종 교통사고 현장을 목격하고 처리 하면서, 교통안전에 관심을 가지고 관련 자료를 찾아보고 분석하여 기술 하면서, 어떻게 하면 운전하는 사람들에게 조금이나마 도움 주고자 하는 마음에서, 이론보다는 내용 면에 있어서, 실용성에 중점을 두었음을 먼저 밝혀둔다.

　본 내용은 2005년 현직에 있을 때 완성한 것으로 참고하기 바라며, 시대가 변하여 자율주행 차까지 시험운행 하고 있지만, 당분간은 사람에 의하여 운행될 것이고, 차량을 운전하는 사람은, 운전하는데 필요한 기본적인 지식이 요구되는데, 자동차 운전 학원에서도 깊이 있게 가르쳐 주지 않고, 관련 있는 서적도 없다시피 한 현실에서, 여러분과 가족, 이웃, 친지들에게도 앞에서 말했듯이 조금이나마 도움이 되었으면 좋겠다.

　우리가 살아가면서, 우리가 필요해서 만들어진 사물들이, 우리를 위하여 도움이 되는가 하면은, 어느 때는 우리를 위협하는 양면성을 가지고 있다. 이중에 하나가 오늘날의 교통수단을 들 수 있는데, 이것 또한 우리의 생명까지도 담보로 하고 있다. 이러한 위험으로부터 보호받고자 하는 것이 교통안전이라고 할 수 있다.

그러면! 우리는 무엇을 어떻게 하여야 할까? 우리 서로가 고민 해보는 시간이 필요하다. 왜! 하나 밖에 없는 생명 보전을 위하여! 우리가 운전 하면서 보면, 이것을 망각하는 사람들이 많다. 필자가 사고 현장에 가보면 참혹하기 짝이 없다. 이승과 저승 사이란 얼마나 긴 시간일까?

그! 말만이 했을 것 같던 사람도, 앗! 소리 제대로 한번 해보지 못하고, 곱 던 얼굴은 푸르팅팅 하고, 눈은 무엇을 보았는지 빛을 잃어버렸고, 세상 소리 다 들을 것 들었는지? 붉은 피가 귀에서 흐르면, 한 인간의 삶은 마감 지은 지 오래다.

여러분은 이러한 이야기를 들어 보았는가? 운전대를 잡거든 신문에 큰 글씨 나지 않도록 하라고 한 말을! 명심 해주기 바란다.

1. 운전자의 마음가짐

급하면 급할수록 돌아가라는 말이 있다. 이 말은 무엇을 시사하는 걸까? 급한데! 왜? 지름길로 빨리 가야지! 굽이굽이 돌아가라고 말할까? 자신도 살피고, 주위도 살피고 해서, 자신과 주변의 안전을 위하여 라고 보아야 할 것 아닐까? 나는 급하면 급할 때일수록 운전을 자제할 것을 권한다.

2. 인간과 기계

인간이란? 생각할 수 있고, 자유자재로 생각과 판단을 조정할 수 있고, 마음속에 행동하고자 하는 것을 담아 둘 수가 있다. 기계란? 인간에 의해서 조정되는 판에 박힌 단순 운동만을 시행하는 것으로, 항상 인간과 기계는 그 행동과 동작이 일치하지는 않는다. 사람과 기계가 행동과 동작을 일치하게 하려고 하는 것이, 운전이라는 것으로, 상당한 기술과 주의가 요구되고, 경험에 의한 방법과 요령이라는 것이 있게 된다.

3. 안전 운전을 위한 정보의 효과

우리는 가끔 직장동료, 이웃, 친척, 친구들로부터 운전에 관하여 이야기를 접하게 된다. 이러한 정보가 본인에게 유익할 때가 있는가 하면, 아주 잘못된 것으로 자기의 운전 습관을 망치는 경우가 있다. 무엇이 좋고, 무엇이 그르치는가를 스스로 판단할 일이지만, 운전에는 정도라는 게 없다. 자동차 학원마다. 학원 강사마다. 조금씩 이나마 그 수강생을 가르치는 차이가 있다.

도로에서 차를 운전하면서, 저렇게 해서는 안 되는데! 하는 것을 스스로 겪어 보고, 관련 법규, 운전 관련 서적, 혹은 도로 교통안전 협회 등에서 발간하는 잡지 등을 수시로 읽혀두는 것이 유용한 정보가 될 수 있다.

4. 차량 운행 전 점검의 필요성

우리가 일상생활에 있어서, 점검이란 말을 자주 쓰는데, 이것은 평소에 습관적으로 하는 일이나, 행동을 맨 처음부터 초심을 가지고 차근차근, 일일이 눈으로 확인하여 보고, 손으로 만져 보고, 귀로 들어 보고, 맡아 보고, 입으로 되새겨 보고, 머리로 현명하게 판단하며, 마음으로 가슴으로 다짐을 하는, 안전을 위한 행동인 것이다. 점검을 하여 문제가 발생한 것을 알았다면, 즉각적인 행동으로 옮겨야만, 위험으로부터 생명을 보전할 수 있는 것이다.

5. 차량운행과 주행

　차량을 움직이게 한 후, 목표를 향하여 계속 적으로 진행하는 것이 운행이고, 주행은 차도를 따라 진행하는 것으로서, 앞에서 말 한대로 출발 전 모든 점검이 끝났다면 차량을 주행하게 되는데,

　가. 운석에 앉게 되면 높낮이와 전후 간격, 룸 밀러, 싸-이드 밀러를 조정한 후 이것을 이용하고, 또 육안으로 자신의 차 앞, 뒤, 옆을 확인하여, 사람 혹은 안전에 방해가 되는 물건 등이 없는지를 확인한 다음 시동을 건다. 이러한 확인은 차를 출발할 때도 동일하다.

　나. 시동을 걸고 차량 속도계를 보면, 지침이 갑자기 2000RPM(엔진 회전수) 가까이 올라가다가, 시간이 지나면서 1000RPM 가까이 서서히 내려오게 되는데, 내 차를 언제 출발 것인가가 기준이 되는 것이다. 승용차의 출발기준 RPM을 1000으로 하라는, 제조 회사의 주문이 설명서에 있는 것을 보았을 것이다. 최근에 출고되는 승용차는, 한번 운행한 뒤에 세워 놓았다가 다시 시동을 걸게 되면, 금방 1000 RPM으로 되면서, 차 소리가 잠잠해지는 것을 느낄 수가 있다.

　이 부분은 중요하기 때문에 좀 길게 설명한다. 여러분이 밤새도록 주차장에 차를 세워 놓게 되면, 운전할 때 차량 엔진 기계 구석구석에서, 윤활 작용을 하여 기계 마모를 막아주는 엔진 오일이 자동차 맨 아래로 흘러 내려서, 차 바닥에 있는 오일휀스 라는 그릇 같은 것으로 고이게 된

다. 이렇게 고여 있던 엔진 오일이 다시 시동을 걸게 되면, 엔진 구석구석으로 뿌려지게 되고, 기계 마모 방지를 위해서 윤활 작용을 하게 된다.

그러면 차를 시동 걸자마자, 급하게 출발시키면 어떻게 될까? 운전을 잘하는 사람이라고 할 수 있을까? 이렇게 잘못된 습관을 가지게 되면, 차에 무리를 주어서 잡소리가 나고, 빨리 망가져서 차가 힘(출력)이 떨어지게 되고, 연비가 낮아져서, 매연이 심하게 나게 되어 환경오염을 유발하게 된다.

날씨가 춥고 하면 시동 거는 시간이 길어지게 되는데, 이것은 엔진 오일이 식어서 굳어 있기 때문이다. 조금 시동 시간이 길어지고, 늦게 출발 하더라도 1000 RPM을 유지 시키는 것이, 차에 무리를 주지 않고, 기어를 변속할 수 있다는 것을 알아 두기 바란다.

다. 주행 중 차의 속도 기준을 어디에 둘것 인가?

기분에 따라서 마구 엑-셀 페달을 밟아서, 속도를 높이는 것이 좋은 것일까? 국내 자동차 교본 어디에서도 명쾌하게 밝혀 주는 것을 보지 못했다. 그러면 무엇이 과속의 기준이 될 수 있을까? 고속도로에 제한된 속도 표시가 될 수 있을까? 그것도 기준이 될 수는 있다. 왜냐하면 도로개설 시공 시 안전설계 기준이니까? 그러나 운전자 자신이 과속하고 있는지, 판단 기준은 될 수가 없다. 나는 언젠가 일본 혼-다 에서 발간한 안전교본을 본적이 있어서, 잠시 기억나는 대로 써 보고자 한다. 조금 이나마 안전 운전에 도움이 되었으면 한다.

바로 이것인데! 예를 들면 내가 시속 100Km로 운전하고 있다면, 내가 앞을 볼 수 있는 거리가 1Km이상 시야가 확보 되어 야하고, 이 1Km 이내에 있는 움직이는, 사물을 한눈에 볼 수 있어야 한다고 되어있다. (50Km---500m, 30Km---300m, 10Km---100m) 그래야만, 돌발적인 상황에서 안전을 확보할 수 있다고 한다. 필자가 시험한바 지당한 것 같다. 이렇게 가시거리의 중요성을 인식하고, 굽은 길이나, 좁고 복잡한 길, 주택가, 학교 앞에서, 과속하지 말기를 당부한다.

라. 많은 운전자 들이 신호 정지 상태에 있다가, 출발하는 것을 보면 답답함을 느낀다. 이 글을 읽는 운전자라면, 관심을 가지고 운전 해주기 바란다. 빨간불 신호등 앞에서 정지 상태에 있을 때, 모든 운전자는 동시에 같은 신호등을 주시해야 하는데도, 차가 신호대기 해서, 앞차가 서 있으니까 정지한다는 식이다.

그래서인지, 긴 꼬리를 이루고 있는 정지 상태에 있는 것을 보고 있노라면, 옆 사람과 잡담을 하거나, 다른 곳을 주시 하거나 하다가, 앞차가 움직이기만을 기다리고 있다. 그러다 보니 신호등이 바뀌게 되면 몇 대는 다시 신호를 대기 하여야만 한다. 그러지들 말고 동시에 신호를 보고 있다가, 모든 운전자가 동시에 움직이어야 원활한 차량 통행이 될 뿐만 아니라, 바쁜 이웃에게도 도움이 된다.

마. 운전을 잘하는 사람일수록, 룸 밀러와 싸-이드 밀러를 자주 확인한다고 한다. 운전 중에 운전자는 자주는 아니라도, 수시로 확인하여 뒤차 와의 거리, 뒤 차량의 운전 상태를 확인할 필요가 있고, 싸-이드 밀러

를 이용하여, 옆 차들의 운행상태를 확인하여 추돌 사고를 예방하고, 차선 변경 등의 시기를 정하여 안전운행 하야 할 것이다.

참고로 싸-이드 밀러의 경우, 자신의 차체와 싸-이드 밀러의 사이 각, 이것을 주시의 사각이라 하는데 약 15도의 차이를 보이고 있다고 한다. 다시 말하면, 15도 각도 내에 피사체가 있으면, 운전자가 볼 수 없다는 것으로, 후진을 하거나, 도로에서 차선을 변경할 때에 특히 주의하지 않으면, 크고 작고 간에 사고를 일으킬 수 있는 위험이 뒤따르게 된다.

따라서 룸-밀러와 싸-이드 밀러를, 동시에 확인하는 습관을 들여야 안전을 보장받을 수가 있다. (특히 SUV 차량은 회사별, 차종별로 다소의 차이가 있다고 하니, 주의를 당부한다. (요즈음은 전자장치에 의해서 자동으로 문제 해결이 된다고는 하나, 어디까지 참고로 삼아야 할 것이다.)

바. 안전거리는 얼마로 할 것인가?
고속도로에서 앞차와의 안전거리 100m로 표시된 것을 흔히 볼 수 있는데, 안전거리란? 주행 중에 앞차가 갑자기 사고를 당하거나, 멈춰 선다거나 할 때, 앞차와 자기 차가 사고를 예방 하거나, 피할 수 있는 최소한도의 거리로서 시간과 거리를 말한다.

요즈음엔 자동차의 제동 성능이 좋아져서, 다소 차이가 있는 것으로 인터넷, 혹은 관련 유인물을 보면 임의적으로 표시 되고 있는 것을 볼 수 있다. 그러나 자신의 귀중한 생명을 보존하기 위하여, 다음 사항을 참고하여 안전운행 하여주기 바란다.

자동차의 신발이라 할 수 있는 타이어의 마모율과 차종의 성능에 따라서 다소 차이가 있지 많은, 아주 새것의 타이어로 예를 들어 본다. 안전거리란? 운전자가 피사체를 목격하고, 순간적으로 브레이크를 밟아서 제동을 걸었을 때까지의 순간적인 시간적 거리이고(공주거리), 정지거리는 운전자가 브레이크를 밟았을 때 차가 멈추는 거리를 말하는 것으로, 둘을 합하여 차가 완전히 멈춰서는 거리를 말한다.

자동차의 속도에 따른 안전거리에 관하여 안전교본에서 말하고 있는 예를 들어 보자,

차량이 시속 60Km를 달릴 때, 주행 거리가 초당 약 17m가 된다고 한다. 또한 최소한의 안전거리를 시속20Km로 주행하고 있을 때 9m를 요구하고 있고, 40Km---26m, 60Km---48m, 80Km---64m, 100Km---125m로, 고속도로에서 앞차와의 거리 100m라고 표시된 것은 극단적인 경우로 보아야 할 것으로 조금은 이상하지 않을 수 없다. (아파트 단지나 사내에서 00Km로 서행하라고 표시하는데 기준이 모호하다고 생각된다.)

사. 고속도로 등을 고속으로 주행할 때 주의하여야할 사항에 대하여 말하고자 한다.

여러분이 운전을 하고 있을 때, 당신 앞에 가고 있는 자동차들이 잘 정비, 점검된 차량이 얼마나 될 것이라고, 생각하면서 운전하는 경우가 얼마나 되는가? 극히 몇 대 안 된다고 보아야 할 것이다. 그러면 당신과 앞차의 운전자가 이미 위험을 안고 있다고 보아야 한다. 만약에 앞에서 달리던 자동차가 갑자기 멈춰 선다거나, 사고를 당한다면 어떻게 될 것

인가? 그래서 안전거리 확보가 필수적인 것이다.

　실제로 이 글을 쓰는 필자 자신도, 고속도로에서 앞서 가던 차가 갑자기 멈춰 서서, 나를 황당하게 한 일이 있다. 다행히도 몇 100m 거리를 두고 일어난 일이어서, 나 자신도 놀랐고, 앞서가던 차의 가족들도 소스라치게 놀란 적이 있다. 또 나의 동료들 가운데서도, 고속도로를 운행하다가 갑자기 자동차가 멈춰서는 바람에, 생명의 위험을 느끼었다면서, 이후 자기 자동차를 처분하고, 새 차로만 교체하는 사람들이 있다. 항상 대비해서 넉넉하게 안전 운행하여 주기를 바란다.

　아. 앞지르기 방법에 대하여는 기 잘들 알고 있을 줄로 안다. 그렇지만! 간혹 일반 도로에서 아니면 고속도로에서, 저래서는 안 되는데 하게 하며 나를 깜짝 놀라게 하는 경우가 있다.

　안전교본에서는 자기가 앞서가는 자동차를 앞지르기 하고자 할 때는, 룸-밀러와 싸-이드 밀러로 뒤따르는 차와, 양옆을 지나가는 차를 충분히 안전 확인하고, 앞서가는 차보다 자기 자동차의 속도가 시속 20Km이상에서 시행할 것을 주문하고 있다. 앞지르기를 시도해놓고서 뒤에서 오고 있는 자동차와의 거리가, 겨우 20-30m 로 주행하는 운전자들이 간혹 있다. 그렇게 하지 말고, 충분한 안전거리 이상을 확보 해주기 바란다.

　자. 운행 중 수시로 속도계를 확인하여, 과속 단속에 적발되는 일이 없도록 하자, 자동차의 속도계는 큰 숫자를 표시하는 표기의 차가 경우

에 따라서는 1-3Km를 보일 수 있다고 한다.

(1) 예를 들면: 지침이 큰 눈 큼 60Km를 가르치고 있으면 59-57Km의 속도로 운행 중에 있다는 말이다. 그래서 경찰에서는 과속 단속 장비의 오차를 감안하여 지정속도에다 10% Km를 인정하여 과속 단속 기준을 두고 있다.

(2) 예를 들면: 지정속도 100Km라면 110Km까지는 과속으로 단속하지 않고, 111Km는 단속 대상이 되어 3만원의 범칙금을 부과하게 된다 (21Km초과6만원, 41Km초과 9만원). 바라건대 100Km 지정속도에서 과속하지 말고, 지침이 110Km 조금 못되게 운행하여주기 바란다.

예외 규정으로 지방 경찰청장은, 과속 차량이 부득이한 사정으로 과속 단속이 되었을 경우, 운전자의 정당한 이의신청에 의하여 타당하다고 인정하는, 경우에 범칙금을 해태 하는 경우가 있다(예: 운행 중에 긴급환자가 발생되어 사정에 의하여 신속을 요하는 경우 등).

차. 일반도로, 고속도로를 운행 할 때는 운전자 앞에 표시된 지정속도 표지판, 기타 지시 표지판을 잘 확인토록 하여야 한다. 일반 도로의 경우 학교 앞, 어린이 보호구역에서는 거의 다가 지정속도 30Km 구간으로 되어있다. 또한 복잡한 마을 앞이나 굽은 길에서는 속도를 낮게 지시하고 있다.

고속도로에서도 간간이 지정속도를 낮게 지시하는 경우가 있다. 100Km 구간에서 주행하다 보면, 지반이 약한 구역 이거나, 설계상

80Km 로 하거나, 지정속도 100Km, 110Km 고속도로 에서 10Km를 낮게 지시하는 경우인데, 표시판을 보지 못하거나, 지나쳐서 과속 단속에 걸려드는 경우가 있다. 관심을 가져주기 바란다.

카. 운전 중 특히 주의를 요하는 경우로서, 필자도 간혹 간담이 써늘해지는 것을 느낄 때가 있다. 한 번은 논으로 전복 하려고 할 때도 있었고, 해서 다시 한 번 안전운행 차원에서 당부한다. 특히 시골길을 운전할 때는 굽은 길, 시야가 확 트이지 않거나, 오르막길을 오르고 있을 때는, 자동차의 속력을 일단 낮추고, 경계를 게을리 해서는 안 된다.

반대편 자동차가 과속으로 중앙 차선을 침범하는가 하면, 앞에 장애물이 있다 하여 반대편 오르막길에 차량이 있다는 것을 무시하고, 고개를 넘어와 황당하게 하는 경우도 있었다. 가끔씩 지방에 갈 일이 있어서 도로를 운행 하다 보면, 핏자국을 흔히 보는데 인사 사고가 발생했다는 것을 알 수가 있다. 왜 그럴까?

우리는 어쩌다 한번 꼴로 시골에 가지만, 그들은 자기들 나름대로 매일 다니던 도로 이고 해서, 눈을 감고도 운전할 수 있다는 자만으로 과속하고, 주의하지 않기 때문 이라고 본다. 더 붙여서 말하고자 한데, 물론 시골길 농기계에 의한 교통사고, 반대 차선에 시외버스 등이 정차하고 손님을 승하차, 특히 하차를 하고 있을 때는 자신의 자동차 속도를 줄이고, 주위를 잘 살펴주기 바란다.

차에서 내린 사람이 갑자기 무단횡단 하는 경우, 뒤에서 오던 차량이 추월하는 경우를 대비하라. 또한 시골은 중앙차선 개념이 약하여, 반대 차선에 여러 대의 차량이 줄지어 오고, 맨 앞 차량이 저속 차량 이라면, 뒤편에 있던 차량이 갑자기 중앙차선을 넘어 추월 하는 경우가 있다. 시골길 안전운행을 바란다.

6. 알아 두어야 할 주요 교통법규

모든 차량 운전자는 도로 교통법규에서 정하는 아주 특별한 경우를 제외하고는, 도로교통법을 준수할 의무를 가진다. 여러분 들이 잘 알고 있는 사항을 제외한, 몇 가지 사항에 대하여 열거하고자 한다. 운전자는 차를 운행하면서, 여러 가지 교통 표지판에서 지시하는 사항, 신호등, 보조 표시판, 도로에 표시된 지시사항 등을 접하게 된다.

이러한 것들은 우리를 위하여 필요하다고 하지만은, 때로는 짜증이 날 때도 있다. 어느 곳에 가면 똑같은 사항인데도 적용이 되는 경우도 있고, 그러하지 않은 경우도 있어서, 필자도 경찰청에 아니면 경찰서 교통 계에 문의한 적도 있다. 경찰관 중에도 혼선을 빚는 사람도 있다. 다음 사항을 특히 유념하여주기 바란다.

가. 운전자는 자동차를 운행 중 신호등, 신호등 옆에 붙어 있는 보조 표시, 도로 바닥에 하얀색으로 표시된 지시를 항시 확인할 필요가 있다. 가령 3.4차선 이상일 경우 좌 직진 신호시 1.2차선에 있는 차는, 동시 신호라는 보조 표시가 있어서, 1.2차선에 있는 차는 좌회전이 가능하다. 그러나 2차선에 있던 차가 직진하는 경우, 좌 직진 신호위반을 범하게 된다.

이것을 예방하기 위하여 몇 십m 전방 도로면에, 하얀색 표시로 1,2차선 좌회전만 할 수 있다는 것을 확인하지 못해서 빚어진 사례이다. 특히 앞에 장애물이 있거나, 확 트이지 않는 곳에서는, 서행을 하면서, 도로면에 표시된 지시를 확인 할 필요가 있고, 자기 스스로 좌회전을 할 것인지, 직진을 할 것인지를 판단하여, 미리 차선을 선택 하여야 한다.

간혹 1,2차선만 있는 경우, 원활한 소통을 위하여 동시 신호라는 보조 표시를, 신호등 옆에 설치하여 좌직진신호시 1차선에 있는 차량을 직진 허용하는 경우가 있다. 그러나 동시 신호라는 표시가 없으면, 직진 차량은 신호 위반이 된다. 동시 신호라는 보조 표시를 잘 확인하여 주기 바란다.

나. 좌회전을 해야 하는데 직진을 하였다 하여, 직진 후 갑자기 좌회전을 하는 경우, 직진을 해야 하는데 좌회전하다 말고, 직진하는 위험한 운전자가 간혹 있다. 앞에서 말했듯이 바쁘면 돌아가라! 다음에서 U턴을 해서 가야지, 자신의 하나밖에 없는 생명과 남의 생명에 위험을 줄 필요는 없다. 또한 서로가 평생 불구가 될 수 있다는, 끔찍한 행동을 서로 자제 해주기 바란다.

다. 횡단보도 있는 곳에서 좌우회전 어떻게 하나.
간혹 운전자가 횡단보도가 있는 곳에서, 좌우 회전을 어떻게 해야 할지를 몰라 망설이며, 멈춰 서거나, 그냥 지나쳐 통과하는 경우를 볼 수 있다. 필자도 횡단보도 에서 좌회전을 하는데, 느닷없이 어떤 행인이 뛰어들어, 자동차의 뒤를 발길질하기에 항의한 적이 있다. 매우 중요한 사안인 만큼 관심을 가져주기 바란다.

(1) 십자로 이거나, 삼거리인 경우, 운전자 앞에 신호등이 빨간 색이다. 옆 차량들이 멈추어 서있는 상태에서, 우회전을 하려는데, 횡단보도에 파란색이 켜져서, 사람들이 횡단을 하고 있다. 그리고 우회전을 하자마자 횡단보도가 있고 신호등이 있다. 이때는 절대 우회전을 허용하지 않는다. 사람을 피해서 이거나 건너는 사람이 없어서 우회전 하여서도 안 된다. 횡단보도 신호등이 빨간색으로 켜질 때까지, 운전자는 기다렸다가 우회전을 하여야 한디, 그런데! 어떤 멍청이 운전자는 차 뒤에서 자꾸 크락숀 을 눌러 댄다. 그랬다고 우회전 하면, 당신은 신호 위반이 된다.

(2) (1) 번과 같은 상황에서 횡단보도에 신호등이 빨간색으로 켜져서 사람이 횡단하지 않는다. 그래서 우회전을 하였다. 그런데 우회전을 하자마자, 바로 앞 횡단보도에 파란색 불이 켜져서, 사람들이 횡단하고 있다. 이때 운전자는 횡단하는 사람에게, 직접적인 피해를 주지 않는 상태에서, 멈추지 않고 바로 통행할 수 있도록 허용하고 있다. (1),(2) 사항은 과거 경찰에서 판단하지 못하던 것을, 대법원에서 심판으로 정한바 있어서 시행되고 있다.(1998. 11 법원 판례로 필자 추정),

최근에 경찰에서 교통사고로 인한 인적 피해를 줄이고자, 모든 차량의 우회전 요령을 내놓고 있는데, 운전자는 우회전을 하고자 할 때 우측에 설치된 신호등 지시에 따라야 하고 (연차적으로 예산이 확보 되는대로 설치예정), 우회전 신호기가 설치되지 않는 곳에서는, 우회전 하고자 하는 차량은 반드시 우회전하기 전에 일시정지 (정지시간 3초 이상, 차량속도계 지침 0km) 한 후 주변의 안전을 확인하고 우회전을 한다. (위반 시 범칙금 : 승합차 7만원, 승용차6만원, 이륜차4만원)

   (3) 우회전 시에는 속도를 줄이고, 천천히 넉넉하게 우회전한다. 바짝 인도 가까이에 차를 붙이게 되면, 내륜차 라는 게 있어서, 앞바퀴가 통과하면서 뒷바퀴가 경계석 등에 마찰을 일으켜서, 타이어가 마모되거나 심하면 펑크가 나게 된다. 그리고 가능한 모든 운전자는 맨 우측 차선을 비워 두어서, 우회전 차량이 항상 통행할 수 있도록 해야 한다. (☆내륜차 : 자동차가 회전하거나 할 때, 앞바퀴 통과 부분과 뒷바퀴 통과 부분이 차이를 보이는데, 뒷바퀴 쪽이 앞바퀴 쪽보다 크다. 타이어의 크기와 회전 반경이 클수록 크다고 보아야 한다. 그래서 자동차가 회전할 때 사람이 가까이 서있거나, 장애물이 있는 경우 종종 교통사고로 이어진다.

   (4) 골목길이나 좁은 길에서, 큰길가로 나와 좌회전 하고자 할 때는, 큰길의 신호등이 빨간색 신호등 일 때 좌회전을 하게 되는데, 횡단하는 사람에게 피해를 주지 않는다고 판단되면, 신속히 좌회전을 하여야 한다. 횡단하는 사람이 다 지나가고, 횡단보도 신호등에 빨간불이 켜질 때까지 기다리거나 멈춰 있으면. 큰길 신호등도 파란불이 켜져서, 신호대기 중인 모든 차량이 직진하게 되어, 당신 뒤에서 좌회전을 기다리는 차로 하여금 통행 방해를 가져온

다. 그래서 사람을 피해서 좌회전을 허용하고 있다.

1차선에서 좌회전 하고자 할 때는 신호등 지시에 따라 운행하고, 좌회전 신호등이 없는 비보호 표지가 설치된 곳 에서는 파란색 신호등 일 때 (반대 차선에서 오는 차량이 없거나, 온다고 해도 방해를 주지 않는다고 충분히 판단될 때) 좌회전을 하게 되는데, 좌회전 후 횡단보도가 있을시 에 길을 건너는 사람이 있는지를 반드시 확인 하여야 한다.

라. U턴할 때 주의사항

(1) 차도에서 U턴할 때, 운전자들이 법규를 위반하고 있음을 볼 수 있다. 자동차를 U턴하고자 하는 운전자는, 1차선에 미리 진입하여 진행하다가, 포켓(주머니 모형으로 U턴 혹은 좌회전을 하려는 차량이 신호대기 중에, 직진하는 차량이 통행 장애가 되지 않도록하기 위하여 만든 차선)에서, 신호대기를 하다가 좌회전, U턴 신호에 의해서 순서대로, 맨 앞차가 좌회전 혹은 U턴을 하게 되는데, 순서를 무시하고, 앞 차량이 진행하기 전에, 뒤에 있던 차량이 진행하여 맨 앞 차량의 진로를 가로막아, 끼어들기 위반, 혹은 진로 방해에 해당하는 교통법규를 위반하고 있다.

간혹 접촉 사고를 야기하기도 하는데, 법규를 위반한 차량에 대하여, 법원은 법의 보호할 실 이익이 없다(모든 법 위반자에 대하여 적용하고 있음) 하여, 잘잘못을 가리지 않고, 사고유발 책임이 있음을 판결하게 된다. 바쁘더라도 앞차가 진행하면, 기다렸다가 U턴을 하여, 안전운행을 하도록 하자,

(2) 또 한 가지 U턴을 할 때, 지정된 하얀 굵은 점선에서 앞차 기준, 순서대로 하게 되는데, 이렇게 하다보면 모든 차량이 맨 앞에 가서 진행하게 된다. 그러하지 않을 경우 황색 선을 침범하게 되는데, 중앙선 침범이 되어 범칙금과 벌점을 받게 된다.

7. 주요 교통사고 사례

우리주변 에서 일어나고 있는 교통사고는, 하루에도 경미한 사건까지 합하면 수천 건이 넘는다고 보아야 할 것이다. 그중에서 굵직한 사고로 치면, 사람이 죽거나 다치는 경우로, 안내표지 전광판에 어제의 사고 사망, 부상, 몇 명하는 것을 볼 수 있는데, 정확한 집계라 기보다는 파악된 것 중에 해당되는 것으로 보아야 할 것이고, 사고 72시간 이내에 사망한 것을 기준으로 할 때, 도로 교통공단 발표에 의하면 2023년도 교통사고 사망자수 2,551명이라고 한다.

참고로 필자가 2005년도 이글을 작성 시, 국내 연구 보고서에 의하면 1일 사망자수 160명 이었는데, 자동차 성능도 좋아지고, 정부에서 교통사고 사망자 수줄이기에 부단한 노력에 의하여 2023년도 1일 6.9명으로 독자들께 잠시나마 비교할 시간을 드린다.

교통사고는 우리에게 직간접적으로, 많은 정신적 고통과, 육체의 아-품과, 마음속 깊은 슬-픔을 주고, 경제적으로도 많은 손실을 가져오고 있다. 모든 운전자는 주의해서 안전운행을 하여야 한다. 다음은 필자가 현장 활동을 하면서, 목격한 사항을 기술하고자 한다. 참고가 되었으면 한다.

가. 청소년기 자녀를 둔 부모나 형제는, 그들의 호기심을 유발할 수 있는, 눈에 뛰기 쉬운 곳에, 자동차 열쇠를 방치하지 마라,

2002. 11월 일 새벽 4시경, 서울 강서구 계화동 88 올림픽 도로 진입로 부근에서, 아침 채소를 팔기 위하여, 가락동 농산물 공판장에서 새벽장을 보고 돌아가는, 봉고1톤 트럭과 에쿠스 승용차와의 정면충돌, 사망 2명, 중상 4명, 사고는 10대 청소년들 4명중 한 명이(여고생), 자기 아버지의 자동차 열쇠를 부모 몰래 가지고 나와, 자기 친구(고3학년 남학생)를 시켜서 시내 변두리를 심야 운행하고 다니다가 길을 잘못 들어, 도로를 역주행 하다가 마주오던 앞의 봉고 트럭과 정면충돌, 승용차 뒷좌석에 함께 탔던 10대2명이 현장에서 사망하는 끔직한 사고로서, 현장 조사결과 같은 내용으로 파악됨(승용차 운전자와 옆 좌석 여학생은 에어백이 작동되어 중상, 봉고차 부부2명 중상)).

나. 심신이 피곤하거나, 건강이 좋지 않거나, 졸음이 오면 운전을 하지 말고 쉬어라, 이것은 너무 상식적인 것으로 당연한 일인데도, 잘 이행되지 않고 있어서, 간혹 끔직한 사고를 일의 켜서 운전자가 사망하거나 중상을 당하는 경우,

(1) 영업용택시 운전자가 날씨가 흐린 날 졸음운전 하다가, 굽은 길 중앙차선을 넘어 상대편 차량과 충돌, 부상3명 (1999.6.개봉동 남부 간선 도로)
(2) 운전자가 졸음운전 하다가 고가도로 난간과 충돌 후, 차량 앞 유리가 파손되고, 운전자가 차량 밖으로 튕겨 나와 추락 사망, 고가

도로 아래를 지나가던 버스와 시신 상태에서 깔림(2005.6.경 구로구와 영등포구 경계부근 신도림 고가도로상),☆ 운전자와 탑승자는 반드시 안전 벨트를 착용 하여야 하는 사례,
(3) 운전자가 졸음운전 하다가 신호대기 중인 교회 버스와 충돌, 가해 운전자 의식 불명, 버스 운전자 중상,(2005.9. 서울 대림전철역 부근)

다. 음주운전 교통사고
(1) 운전자가 술 마시고, 심야에 자기를 과시하기 위하여 외제 차량으로 여자 친구들을 태우고, 골목길에서 나와 좌회전하다가 엑-셀을 브레이크로 잘못 알고, 급 발진하여 가로수와 인접 가로등 지주와 충돌하여, 차량 화재 및 운전자 병원이송 하루 만에 사망, 여자 3명 안면, 가슴 등에 혹심한 중상을 입은 사례(2005.8. 문래동 롯데삼강 입구부근)
(2) 운전자가 술 마신 상태에서 여자 1명을 태우고, 심야운전 중 경찰 음주 단속을 피하기 위하여 골목길로 접어들어 운전하다가, 핸들 조작 미숙으로 골목 사거리 길 왼쪽 도로 경계석과 충돌 후 승용차가 전복하면서, 운전자 옆에 타고 있던 여자가 차 창문 유리에 머리를 충격 당한 후, 창문 유리가 깨지면서 다시 머리를 도로 경계석에 충돌하여, 현장에서 즉사한 사례(2002.5. 구로구 디지털 단지 내),

2건의 비슷한 사고를 보면서 음주운전이 얼마나 위험한가를 잘 말해주고 있다. 이외에 여러 사례가 있지만은 상쾌한 일이 아니어서 생략

한다. 운전대를 잡고 자동차가 움직이면, 여러분은 그 무엇인가가 여러분을 감시하고 있고, 따라붙어 다니면서, 좋지 않은 일을 발생하게 하려 한다는 각오로 안전운행 해주기를 바란다.

8. 그 밖의 안전을 요하는 것으로 마무리 하고자한다.
가. 운전과 30분, 그리고 2시간 이라는 시간의 중요성에 대하여 간기한다.

내가 본 안전교본에서는 식후30분 전에는 운전을 하지 말라는 경고를 하고 있다. 왜냐 하면은 차량의 진동에 의해서 (요즈음은 차량 성능이 좋아지고, 도로 포장이 잘 되어 있지만), 위하수증과 같은 신체적 장애는 물론, 식후 나른함과 한 낮의 식곤증 등에 의한 졸음운전을 들 수 있다.

또 2시간 동안 계속하여 운전을 하게 되면, 운전자의 심신의 피로가 겹치고(좁은 공간에서의 고정적인 몸의 경직, 눈 피로 등) 과 차량의 엔진 과열로 주행 성능이 떨어짐 (요즈음은 자동차 성능 개선이 되었다고 하나)으로, 휴게소 등에서 10-20분 정도의 휴식 시간이 필요하다고 한다. 그래서! 고속도로 휴게소는 2시간 거리에서, 사람과 자동차가 휴식할 수 있는 위치에 만든다고 한다.

여러분이 휴게소 에서 잠시 휴식을 취하고 운전을 하다보면, 심신이 한결 가벼움을 알 수 있고, 차량도 전보다는 훨씬 잘 주행하게 됨을 느끼게 될 것이다. 휴식시간 중에, 여러 가지 가벼운 몸놀림 이라든가 하는 것도 좋은 방법 이고, 자동차의 본-넷을 열어서 엔진실의 열을 식혀

주는 것도 한 방법인데, 간혹 이렇게 하는 사람이 휴게실에서 보면 몇 안 되는 것 같다.

    필자는 이것을 철저하게 이행 하고 있다.(특히 여름철 날씨가 무더울 때는 꼭 이행 하여주기 바란다), 한 예로 대형차량 운전자들이 휴게소에 들어와, 엔진을 바로 끄지 않고 잠시 동안 시동 상태를 유지하게 되는데, 이것은 공회전 상태에서 라-지에-터에 있는 물을 순환시켜 엔진 열을 조금이 나마 짧은 시간에 식혀주는 방법으로 이용하고 있다고 한다.

    나. 겨울철 터-널 진입 시 주의할 사항으로, 우리 동료들의 사고현장 목격 조언 사항임을 밝혀 둔다. 혹한기 눈이 내리고 녹고 하면서, 터-널 윗부분에서 흘러내리는 물과 통행하는 차량의 물 묻은 타이어 바퀴에 의해서, 터-널 진입 전 입구와 터-널을 벗어나기 전 밖은 거의가 빙판 길로 되어 있다.

    여러분은 이곳을 지나게 될 때, 충분한 거리를 두어 속도를 줄이고, 그냥 통과하기 바란다. 당황하여 브레이크를 밟는다든지, 갑자기 서행 하게 되면 차가 미끄러져서 교통사고를 일으킬 수 있다.

    다. 운전 중 휴대폰 사용으로 교통사고를 빈발하게 야기하고 있다. 요즈음 들어 단속규제를 강화한다나 어쩐다나, 아무튼 운전 중 휴대폰은 잠시 꺼놓아도 좋을 것 같다. 앞에서 말했듯이, 당신의 차가 시속 60km를 달릴 때, 1초에 17m를 가게 된다는 것을 항상 참고하기 바란다.

필자는 신호대기 중, 일시 정지 중에 반드시 룸-밀러와 싸-이드 밀러를 주시하고 있다. 언젠가 좌회전 차선에서 신호 대기하고 있는데 뒤에서 차가 달려들기에 아차! 차를 앞으로 약간 비켜서 세웠기 망정이지, 하마터면 와~장창 할 뻔한 적이 있다. 약간의 표시 나지 않을만한 흠집만 생겼다. 이것도 알고 보니 운전자가 휴대폰을 사용하다가, 직진차선 인줄로 알고 주행 하다가 발생한 사례 이다.

라. 운전 중 담배 피우는 것, 이것 역시 대단히 잘못된 버릇에서 비롯된다고 본다. 앞에서 말한 운전 중 휴대폰 사용 못지않게 위험하기는 매 일반이다. 운전을 하면서 앞에 가는 자동차, 옆에서 가는 자동차를 보면 어떤 운전자는 자동차 창문을 열고, 담배를 피우면서 운전하는 것을 보게 되는데, 운전자가 숨지는 교통사고 사례와 우리 동료들의 목격담에 의하면,

운전자가 자동차 창문을 열고 담배를 피우면서 운전 하다가, 담배 불씨가 바람에 날리면서, 운전자의 옷에 떨어져서 불이 붙자, 놀란 나머지 운전대를 놓치는 바람에 뒤 따라가던, 옆 자동차와 충돌하여 운전자가 목숨을 잃고, 타 차량의 탑승자 까지 중상을 입게 하는 사례(1),

또, 담배 불씨가 바람에 의하여 운전자의 목덜미로 들어가자, 운전자가 순간적으로 핸-들을 놓고, 불씨를 털어 내다가, 반대 차선에서 마주 오던 자동차와 정면충돌 하여 운전자가 숨지고, 함께 타고 가던 일행이 평생 불구가 될 수 있는 중상을 당한 사례(2)가 있다.

마. 운전자가 차량운행 중 자동차에 이상을 느낀 나머지, 길 한쪽에 자동차를 주차 시키고, 양복을 입은 체 자동차 본-넷을 열어 점검 중, 넥-타이가 차량 휀- 에 감기어 숨지는 사례가 있다. 우리는 시골이나 먼 길을 가거나 할 때면, 정장을 한 상태로 차량을 점검하게 되는데, 넥-타이나 양복 끝자락이 휀- 이나, 환 벨트에 끼이지 안 토록 특히 주의 해주기 바란다.

바. 고속도로를 운전 하다보면, 비가 갑자기 많이 내리다가, 개이다가 하는 경우를 겪게 되는데 (특히 중부 내륙지방), 터널을 통과 하거나 시야가 짧은 장애물이 있는 곳을 지나다 보면, 접촉 사고가 빈발하는 것을 목격 하게 된다. 왜 그럴까? 앞에 가는 자동차가 갑자기 속도를 낮추고, 뒤 따라가던 자동차는 충분한 안전거리를 확보하지 않아서 일 것이다. 여러분은 속도를 낮추고 충분한 안전거리를 확보하고, 비상 깜박이를 켜서, 뒤따라오는 차량에 주의신호를 보내기 바란다.

사. 여러분은 이런 상황을 겪어 보았는가? 그리고 어떻게 대처 할 것인가?

(1) 고속도로를 운행 하는데, 공사장 건설 골재를 싣고 가는 대형 자동차에서, 커다란 돌이 도로에 떨어져 천방지축 튕기고 있다. 필자도 황당한 적이 있었다. 여러분은 즉각 비상 깜박이를 켜서, 뒤따라오는 차량에 안전주의 신호를 보내고, 속도를 낮춘후 일단 서행 하면서, 돌이 튕기는 것을 주시하며, 가능한 한 문제의 자동차를 추월하여 안전운행 하도록 한다. 돌덩이가 도로에 떨어진 상태에서, 지나가는 자동차 바퀴에 의해서 튕기어, 옆을 지나는 자동

차 운전자가, 앞 유리가 깨지고 사망한 사례가 있음을 주의 하여 주기 바란다.

(2) 자동차를 운전하다 보면, 간혹 공사장을 드나들며 공사장 골재를 실어 나르는, 자동차를 접하게 되는데, 이 차량이 공사장 등에서 막 나와, 여러분의 자동차 앞에 지나가게 될 때, 가까이 접근하지 말고, 일정한 거리를 두면서 뒷바퀴를 확인하여 주기 바란다. 왜냐 하면! 두개의 바퀴 사이에 끼어져 있던 돌덩이, 나무토막, 돌같이 굳어서 단단한 흙덩이가 튕겨져 나와, 자동차를 손상하게 하고, 경우에 따라서는 인명 피해를 가져오기 때문이다.

(3) 언덕길 자동차를 운전하면서, 우연히 앞에 화물을 가득 실은 자동차가, 비탈을 오르고 있을 때는 특히 주의하라, 가까이 뒤에 접근하지 말고, 일정한 거리를 두면서, 적재화물 안전 상태를 확인 하면서, 안전운행 한다. 드럼통을 싣고 언덕을 오르던 화물자동차에서, 묶음이 끊어지면서, 뒤따르던 승용차앞 유리에 떨어져 운전자가 사망한 사례가 있다. (참고) 트레일러에 의해서 운반 되고 있는 둥근 핫코일 (말아진 강철판) 한 개의 무게가 16t이나 된다고 한다),

아. 주 차
(1) 주차에 관하여는 앞부분 에서 언급 하려다가, 안전사고와 관련하여 기술 하고자 한다.
차량을 운행 하다가 필요에 따라서, 일정한 장소에 차를 멈추거나(정

차) 주차 하는 경우가 있다. 그런데 이러한 주차로 인하여, 상대방 에게 생각하지 못한 피해를 주어, 법적인 문제까지도 야기되는 사례가 있다.

　예를 들면! 심야에 차도 한편에 트럭을 주차했는데, 오토바이 운전자가 트럭과 충돌하여 숨지거나 중상을 입는 경우, 판례에 의하면 피해자에게 보상 하라고 하는데, 사고당시 사건주변의 빛의 밝기, 이를테면 정상적인 오토바이 운전자가, 주변이 아주 어두워서 트럭이 주차해 있는지를 분간 할 수 없었는가, 아니면 어느 정도 분간이 가능했는지가, 판단의 기준이 되는 경우가 있다.

　이외에도 우리가 주차하려고 속도를 줄이면서 장소를 찾는데, 상대방의 차량이 접근하여 사고를 일으키는 경우도 있다. 또한 주차하거나 정차 하는데 자전거, 오토바이, 달리는 사람이 접근하여(특히 사람이 내리려고 차문을 여는 경우)생각하지 않은, 사고를 일으켜 원인 제공자가 되어 피해보상 책임을 지게 된다.

　주. 정차 하고자 할 때는, 충분한 시간을 가지고 어느 장소가 적당 할 것인가를 판단하고, 자동차를 멈추기 전에 룸-밀러, 싸-이드밀러, 경우에 따라서는 창문을 열고 목을 밖으로 내밀어 뒤편을 확인할 필요가 있다(요즈음 에는 후방 카메라가 있지만, 너무 의존하지는 말라고 말하고 싶다), 안전 교본에서는 운전자는 후진할 때 목을 최대한 밖으로 내밀고, 확인 하라고 하는데 참고하기 바란다).

　(2) 도로 교통법상 주. 정차가 금지되는 지역 에서는 절대 주, 정차를

하지 않도록 한다. 예: 교량 위, 터-널 안, 오르막길, 휴게소가 아닌 고속 도로변(갓길운행 하는 차량에 의해서, 사고를 당할 수 있다), 버스정류장으로부터 10m 이내, 소방 용수시설 5m이내, 건물 3미터이내, 또한 지방자치 단체장이 주, 정차 금지를 정한 장소 등.

참고로 필자가 당부 하고자 하는 사안으로, 도로가 사거리인 경우 혹은 삼거리 아니면 기역자 도로변에 있어서, 도로와 도로가 교차하는 도로변으로부터 5m이내에 주. 정차를 하는 경우, 우회전. 좌회전하는 대형 차량의 통행을 방해 할뿐만 아니라, 내륜 차에 의해서 여러분의 차량이 파손 되거나 훼손 될 우려가 있다. 특이한 경우로, 화재 진압을 위하여 출동 중인 소방차량이 원활히 통행하지 못하여, 시간 지연으로 우리의 이웃에게 큰 피해와 고통을 주는 경우가 있다.

이상으로 교통안전이란 무엇인가를 마치면서, 아직도 부족한 것이 많음을 깨닫고 있다. 차후에 자료가 수집 되는대로 보강 할까한다. 여러분께 좋은 조언을 부탁드린다. 기술적인 기계원리와 자동차의 구조부분과 용어, 그리고 고장 시 응급 처치 등은 과감히 생략 하였다. 자동차란? 우리에게 이기 이면서 어떤 때는 흉기가 될 수 있다는 마음으로, 안전운행 하여줄 것을 당부 하면서 이만 마친다.

성냥갑속의 박쥐들

한 두어 달 전 우리 언론들은 앞 다투어, 고등학생 몇 명이 가공 할만한 모의 소총과 실탄을 만들었다 해서 보도한 적이 있었다. 필자는 이러한 사실을 접하면서 우리 주변에서 있을 수 있는 일이라고 보아 대수롭지 않게 판단했다.

실재로 목격한바 두개의 사실을 적시한다.
2007년 6월 어느 날인가 그날의 날씨는 그리 덥지가 않고 약간 흐린 듯하였다. 오후 2시가 지났을까 화재 신고가 접수되어 현장 출동을 하였다. 사무실에서 불과 몇 십 미터밖에 되지 않은 고층 아파트라고 하기에 긴장하지 않을 수가 없었다. 이 주변 지역은 과거 산업화시기에 널리 알려진 커다란 대형 공장들과 군소 공장 지역이 현대화 되면서 고층 아파트 군을 이루고 있다.

곧바로 출동하여 주변을 확인한 바, 화재와 관련할 만한 정황이 전혀 없었다. 상황실과의 무선을 교신한 후 해당 아파트 동호를 재확인 하고는 신고자의 집 앞에 도착했다.

초인종을 눌러도 문을 두드려도 아무런 인기척이 없었다. 잠시 멈춤 후 또다시 초인종을 눌렀다. 한참 후 출입문이 열리고, 40대 후반의 아주머니가 현관문 쪽으로 나왔다. 화재신고를 하셨습니까? 라고 물었더니 망설이면서 그렇다고 말을 한다.

실례합니다만! 잠시 집안을 확인하도록 하겠습니다. 직원들로 하여금 실내를 확인하도록 했다. 화재로 판단할 만한 물증이 없었다. 아주머니! 어떻게 화재 신고를 하셨습니까?

사실은 제 아이가 고등학교 2학년생 인데, 며칠 전부터 자기 방에 들어가면, 문을 잠그고는 밖으로 나오지를 않고 했는데, 갑자기 꽝!~ 하는 폭발음이 들려서, 놀래 가지고 119신고를 했습니다.

직원들로 하여금 학생 방을 재확인 하도록 했다.
여기 책상위에 이상한 물질과 인쇄물이 있습니다.
자세히 확인 해보게!
이것은! 언젠가 제가 어디서 본적이 있는, 인터넷상에서 폭발물을 제조하는 방법 이라는 내용과 같은 데요!
오~그래!
이것 봐? 학생!
이것이! 이! 아저씨가 하는 말이 맞는가?
한동안 아무 말이 없이 고개만 숙이고 있었다.
괜찮네!
말해보게?
여기에는, 자네! 어머니와 우리들만 있네!

예! 맞습니다.

그러면! 어떻게 이렇게 하게 되었는가?

학교에서 친구들한테 듣고서는, 호기심에 인터넷을 검색하여 자료를 얻은 후, 실습용 화공 약품을 구입하였으며, 자료 내용대로 조제하던 중, 순간적으로 불꽃이 나면서 꽝~! 소리가 났습니다.

옆방에 있던 어머니가 놀라서 뛰쳐나왔고, 곧바로 119로 신고를 하였습니다.

그래! 잘 알았네. 학생!

다친데 는 없는가?

없는데요! 정말 다행이네!

그런데! 자네 손에서 피가 나지 않는가?

아주머니! 모든 것이 다행입니다.

아무 걱정하지 마시고, 평안한 마음을 가지십시오!

자제분은 우리 구급차로 병원으로 이송하여, 치료 받게 한 후 귀가조치 하겠 습니다.

아주머니! 협조해 주셔서 감사 합니다. 감사합니다(아주머니),

우리는 현관문을 나섰고, 아주머니 안녕히 계십시오! 오늘 신고는 매우 잘 하셨습니다.

올해는 얼마나 더울까? 하는 가벼운 걱정으로, 6월이지나 7월의 상순으로 접어든다. 점심시간이 지나고 잠시 후식시간, 화재신고 접수를 알리는 전화 벨소리가 울리고 화재출동 지령이 내려졌다.

00구 0로 0가 000아파트 0동, 불에 타는 냄새가 나는 상태이고, 정확한 호수는 알 수 없단다. 현장 도착하여 화점 층을 확인하려 하여도, 종이 타는 냄새만이 15층으로 지어진 아파트 해당 동에서 날뿐 연기 등이 전혀 보이지 않았다.

잠시 후, 저기다!
저기가 어디야!
9층 0호 창문에서 하얀색의 연기가 조금씩 세어 나오기 시작했다. 곧바로 해당 아파트 현관문에 도착했다. 출입문은 디지털 번호키 인데 잠겨 있었다.

고가 사다리차는 아파트 출입구 주변이 좁아, 단지 내로 쉽게 진입하기가 곤란한 상황에 처해 있었다. 구조대를 옥상으로 올려 보내어 로-프를 내리게 하여, 아파트 반대쪽 창문을 통하여 옥내로 진입 시키어 주 출입문을 개방 한 후 옥내 진입을 시도하여, 화점을 확인한 후 진압하기로 하고 만반의 준비를 하였다.

이 와중에 한 중학생이 나타났다.
학생이 문을 열려고 하여, 학생 집인가를 물어 보았다.
아닌데요! 그러면 학생은 누구인가?
저는 이 아파트 위층에 사는데, 이 집이 저의 작은집입니다.
그리고 제 사촌 동생하고는 한 살 차이고, 그래서 자주 놀러 오기도 하여 집 열쇠 번호를 알고 있습니다.

그래! 문을 열어보게! 아무리 열려고 해도 이상하게 열리지를 않네요!

열쇠 번호를 조금 전에 바꾸어 놓은 것 같은데요!
응!
그러면 그냥 놓아두어!

이때쯤이면 구조대원이 아파트 안으로 들어갔겠다 싶어, 출입문을 밖에서 쾅쾅쾅! 쾅! 두드려서 출입문 위치를 확인시켜 주었다.
문이 열리면서 아이쿠! 캑~! 캑! 캑! 하면서 대원이 문 밖으로 뛰쳐나왔다.

화재를 진압 하려고 옥내 진입을 하였다.
누군가가 나의 등 뒤에서 음식물 조리라고 무선을 날렸다.
아니야!
바로 저거다!
많은 물을 뿌려서는 안 된다.

대원들로 하여금 곧바로 진압을 하고서는 잠시 문을 닫았다.
문 밖으로 나와서 조사 요원과 대원 몇 명만을 남기고 모두 돌려보내도록 조치한 후 문을 열고 집안으로 들어갔다.

이것들을 보게!
하나하나를 가리키며 설명을 하였다.
모두! 말조심을 하도록 당부 하였다.
침대 옆에다 신문지와 종이를 모아놓고, 침대 주변을 흐트러놓았다.
선풍기도 비스듬히 넘어뜨려놓았다.

출입문 열쇠는 조금 전에 번호가 바뀌었다.

직감적으로 내부자의 어설픈 자작극이 아니고서는 이렇게 할 수는 없었다.

내부자는 신문지와 종이를 모아 놓은 곳 가까이에 불씨를 남겨서(추정컨대 촛불 등) 시간이 지나면, 이종이 무더기에 불이 붙도록 하여 방 안에 화재가 유발하도록 하였다.

다행이도 주변 사람들의 신속한 화재 신고가 있어서, 초기 대응이 가능하였기 때문에 또 하나의 불행을 막을 수가 있었다. 나는 이렇게 설명하면서도, 왜! 이렇게 하였을까? 하는 추리가 여러 가지로 머릿속을 맴돌았다.

그중 하나가 그날 몇 시간 후 드러났다. 중학생의 아버지 되는 분이 사건 조사 담당자를 찾아와, 제 자식의 장래를 위해 저를 도와주십시오? 모든 것이 저의 자식에 대한 불찰입니다. 자식한테 시험 성적이 좋지 않다고 나무랐는데, 이렇게 엄청난 일을 저지를 줄 몰랐습니다. 제발! 도와주십시오? 죄송합니다. 관련 기관에도 제가 도움을 요청하겠습니다.

이렇게! 우리는 성냥갑속의(공동주택 안에서) 박쥐들(자신이 행하고 있는 행위가 경우에 따라서 이웃과 가까이에 있는 사람들에게 어떠한 피해를 줄 수 있다는 생각이 없는 사람)과 위험의 노출 속에서 하루하루를 살아가고 있다.

안전운전과 친절

　안전에 관하여는 보다 구체적이고, 현실적으로 차제에 다루어 볼 것이고, 오늘은 내가 언젠가 교통방송에, 원고를 보내어 방송 되었던 것으로 "안전운전 그 비결은 있다"를 소개하고 친절한 운전자 이야기를 하고자한다.

　어느 잡지에서 읽은 적이 있는데, 외국에서 30년 무사고 택시 운전사 이야기이다. 그 운전자는 자기의 무사고 운전 비결을 다음과 같이 말하였다. 운전을 하면서 자기 차의 앞쪽차 3대, 뒤쪽 2대. 양옆 차 각1대씩. 운전자들의 심리를 읽고는, 자기가 어떻게 운전해야 할지를 판단하여 운행한다고 한다.

　운전자가 운전을 하려면, 이와 같이 정신 바짝 차리고, 도로 사정은 물론이고, 주행 중인 차량의 흐름을 파악하고, 운전자 자신이 어떻게 안전 운전을 해야 할까를 생각해볼 필요가 있다고 본다.

　자! 그러면 과연 나는! 내차를 포함하여 8대의 차량 중, 몇 대나 내 주변의 차량을 운전자의 심리를 파악하며 운전할 수 있을까? 운전하는데 있어서 실력이고 자신감이고는 있을 수 없다. 아무런 기준도 없다.

나는 이런 사실을 알고서는 운전할 때면 총 8대의 운전자 심리를 파악 하면서 안전 운행을 하려고 노력하고 있다. 적어도 이것을 자기 자신의 기준으로 삼아 차를 가지고 도로에서 안전하게 운행할 수 있는지를 스스로 판단하여 운행했으면 좋겠다.

내가 20여 년 전에 택시를 탔는데, 머리발이 하얀 할아버지께서 운전을 하고 계셔서, 목적지까지 가면서 여러 가지 말씀을 드려 보았다.
 30년 이상을 무사고 운전하셨단다. 그래서! 무사고 운전 비결이 무엇이라고 생각하십니까? 하고 물었더니 뭐! 비결이라고 할 수는 없지만! 3차선이 있으면 고집스럽게 2차선만 운행하신단다.

왜? 그러느냐고 물었더니만, 1차선은 상대차가 차선을 넘어올 수 있고(특히 야간), 3차선은 오토바이, 자전거, 버스타고 내리는(지금은 중앙버스차로지만)사람들에 의한 사고우려를 드셨다.

말을 바꾸어서, 수십 년을 택시운전하시면서 가장 먼 거리 운행 경험을 여쭈었더니?
 글쎄! 하시면서 응. 기억나네!
 교문리(현재 경기도 남양주시)에서, 신월4동(서울 양천구 소재)까지 밤10시를 넘어서 한 아주머니를 태워다 드렸지!
 그렇게 말씀하시기에(당시는 밤12시 통금이 있었음), 거절하지 않고서요? 했더니(당시 승차거부, 합승은 부지기 수였음), 운전수가 손님이 가자는 데로 가야지라고 말씀하셨다.

할아버지께서는 6.25 전쟁 때 월남하셔서, 젊어서부터 운전하셨고, 한시택시, 모범운전자로 개인택시를 운전 하시다가 다 처분하고, 할머니와 함께 아파트에서 사신단다. 아들 둘은 대학을 나와 군대를 제대한 후, 국내에서 내로라는 회사에 근무하고 있단다.

운전하는 게 좋아! 시간 나는 대로 택시회사에 나가 돈을 벌어 할머니, 손자들 용돈을 준 단다. 할아버지는 다시 태어나도, 나는 운전할 거야라고 말씀하셨다.

여러분께서는 이렇게 친절한 운전자를 만나 보았는가?
친절은 몸에 배어야 하고, 부단히 수양하지 않으면 가식이 되고 만다.
어느 날! 병문안을 가려고 택시를 탔다. 손을 들어 차를 세우고, 차를 타기 위하여 차문을 열자마자 어서 오십시오! 손님! 반갑습니다! 라고 운전자가 인사를 했다.

차를 타고 목적지를 말하자! 공손하게 예! 손님! 목적지 000동 사무실 앞까지, 안전하게 모시겠습니다! 라고 내가 말한 목적지를 다시 한 번 확인 시켜주듯이 복창 하고는, 저는 OOOO택시 운전자 000입니다. 라고 자신을 소개했다. 이렇게 인사말을 하자 나는 지금껏 단 한 번 도 겪어 보지 않은 상황이라 당황했다.

내가 잠시 멈칫하며 침묵하자! 운전자가 말을 걸듯 손님! 비가오고 게인 날씨라서 쾌청하군요? 라고 말을 했다. 그러면서 차 뒤에 신문이 있습니다. 보셔도 좋습니다. 라고 말을 하기에 뒤돌아보았더니 3개의 신문이 가지런히 놓여있었다.

나는 목적지까지 가면서, 이런 이야기 저런 이야기를 하였는데, 그 운전자는 LA에서 10여 년간 운전을 하다가, 집안의 일이 있어서 가족들이 귀국하라고 해서 국내에 들어왔는데, 일이 늦어지고 해서 잠시 운전을 하게 되었다고 말을 했다.

목적지에 가서 내릴 때도, 손님! 이용해주셔서 감사합니다! 좋은 시간 되십시오!라고 인사를 했다. 나도 내 글을 끝까지 읽어주셔서 대단히 감사합니다! 돈 있으면 커피 한 잔 사드세요라고 말해야지!

K씨의 하얀 슬픔

봄 가뭄이 그 어느 해보다도 심하다. 이곳저곳 탄식의 아우성도, 이상 기온의 세태 변화에 묻히고 만다. 사월 중순에 접어들자 바싹 말라 푸석푸석 먼지만 뱉어대던 대지에, 깊이 스며들지도 못할 만치! 이틀거리로 감질나게 비가 내린다.

오늘 아침 Y 소방서 앞마당에도 이슬비가 내리고 있다. 시각은 아침 6시 30분을 지나가고 있었고, S는 청사 밖의 이상 유무를 매일 확인하지만, 오늘 아침은 비가 내리는 관계로, 사무실 창 너머로 한층 푸르스름이 더해 가고 있는 밖을 살펴보고 있었다.

삐 리릭~ 삐 리릭~ 화재 신고접수를 알리는 스피커가 귀를 간지럽게 한다. 화재 출동! Y 구 C 2동 0-00번지, 일반 가 화재 출동! 찡~ 찡~ 출동지령을 알리는 벨 소리가 요란하다.

소방대 출동 차량이 서정의 정문을 벗어나자, 소방차 안의 무전기를 통해, 황급한 상황을 알리는 중년의 여자 목소리가 아저~씨 빨~리 와요! 검은 연기가 보일러에서 많이 나오고 있어요!

여기는 상황실! 각 대는 신속하게 현장출동 바람! 상황실로부터 신속 출동하라고 재촉한다. 신고자가 하나에서 여러 군데로, 신고 전화가 늘어나고 이제는 불길이 번지고 있다는 다급한 상황을 알린다.

이상하다! 검은 연기가 보일러 연통에서 심하게 나온다니? 요즈음 날씨에 보일러를 켜는 사람이 있을까? 그렇다면! 기름보일러가 과열 되었다는 말인가? 갸우뚱하는 순간도 잠시일 뿐! 출동 차량이 현장에 도착하자! 불길은 지붕으로 막 옮겨 붙는 상황에 있었다.

신속히 소방호스를 전개하라! 그리고 방수를 하라! 짧은 순간에, 숙달된 대원들의 일사불란한 행동으로 진화가 되었다. 현장과 주변을 정리한 후 화재 원인이 무엇이고? 어디에서 발화 되었는가를 살폈다.

아무리 찾아보아도 원인이 될 만한 것이라고는 없었다. 보일러도 가스용으로, 가스차단 벨브 콕-크 가 잠가져있어, 사용하지 않는 상태이고, 세탁기도 전기 코드를 빼어놓아 사용하지 않았고, 조리용 가스렌지도 사용한 흔적도 없다. 전선 이상 등 전기 화재로 추정해볼 만한 것도 없었다. 그러면 무엇이 화재의 원인이란 말인가?

이거 봐! 이것이 무엇인가? S는 무엇인가를 주어 들고는, 그의 손바닥 위에 올려놓았다. 그것은 부엌 바닥에서부터, 출입문 밖까지 흩어져 있었고, 100원짜리 동전보다도 조금 작은 동그란 하얀색의 금속이었다. 대원들도 하나둘씩 그것을 주어 손에 들고는 살펴보기를 한다.

어린이 장난감이나, 휴대용 카메라, 휴대용 노트북에 사용된다는, 리튬 수은전지로 중국과 인도네시아에서 생산된 것으로 표기되어 있었다. 내용물이 없이 양면으로 분해되어, 약간씩 뒤틀린 것도 있었고, 검게 그을린 것도 있었다.

이것이 원인이란 말인가? 그렇다면! 이것이 어떻게! 하나둘이 아닌 수백 개 정도로 추정되는 량이 여기에 있었단 말인가? 잠시 후 60대 초반으로 보이는 남자가 대문 안으로 힘없이 들어왔다.

그리고 주변을 살피는 기색이다. 기회를 놓치지 않는 S의 질문이 계속된다. 아저씨! 이집 주인이십니까? 예! 이것이 무엇입니까? 이것이 어떻게 이곳에 있습니까?

오늘도 어제처럼! 새벽 5시에 청계천으로 일을 하려고 나갔지요! 십장으로부터, 오늘 일감이 없으니! 돌아가라는 말을 듣고 집으로 돌아오는데, 어느 집 담장 밑에 이것이! 비닐봉지에 담겨 버려져 있었지요! 쇠붙이같아서! 고물로 팔면 돈이 되겠구나 싶어 가져왔습니다.

부엌 바닥에 두었지요! 정확히 어느 곳입니까? 이곳입니다. 시간은 얼마나 되었습니까? 약! 삼 사 십분 정도 됩니다. 아! 그래요! 알겠습니다.

담장 밖에 버려 둔 비닐봉지 안에 빗물이 스며든 것이 문제를 일으킨 것으로 추정되었다. 이런들 어떠하리! 저런들 어떠하리! K씨의 고단한 삶 속에서 당황하는 기색이라고는 찾아볼 수가 없었다.

S는 사무실에 돌아와 리튬 전지란 무엇인가를 알아보았다. 습기가 있거나, 물기가 있으면 발열하거나, 폭발을 일으킨단다. K씨의 고달픈 삶에, 안타까운 하얀 슬픔이 더해지는 또 하나의 순간이었다.

둘이서 손잡고

사람이 살아가면서 둘이서 손잡고 거니는 시간이 얼마나 될까? 어려서는 아빠엄마 손을 잡고서 걸음마를 배우기 위해 아장아장 거닐고, 유치원에 가서 옆 친구와 손잡고 나들이 가고, 초등학교에 가서도 선생님의 말씀에 따라 옆 친구와 살짝 손잡고 하나둘 셋 넷 하며 손잡고, 연애할 때 둘이서 살짝 손잡아보고, 결혼할 때 예식장에서 아버지, 신랑 될 사람 손잡고, 또 있을까?

아! 있더라! 할머니와 할아버지가 둘이서 손잡고 거닐던 것을 보았다. 그런 게! 할멈이 길을 잃고 해매 다가, 이 소방파출소에 가서 길을 물어 보았다는 거지? 응~ 정말 멋있었다. 늙어서 둘이 손잡고 거닌다는 것, 행복한 삶의 하나일거다.

2005년 봄 5월 어느 날, 오후13시경이 지났을까, 나의 사무실에 70이 넘은 할머니 한분이 찾아오셨다. 자리에서 일어나 반갑게 맞이하며, 내가 좋아하는 원 탁자로 안내하며 자리를 권했다. 누가 상석이고 할 것도 없어서 좋은, 그리고 서로가 마주 볼수 있어서, 지난해 긴 소파를 대체해 사들여서 자리 배치했다.

젊은이나 노인네나, 관공서에 찾아온다는 것은, 공적인 것 아니고서는, 망설이는 것이 매양 같아 보였다. 직원에게 음료를 준비시키고는, 잠시 기다리다가 마실 것을 권하고서는, 할머니! 무슨 일이 있습니까? 아니!~ 길을 잃어 버렸어! 여기인가 저기인가 하고, 아파트만 찾았더니만, 그게 아니야! 그래서 답답해서 왔지! 할머니 잘 오셨습니다.

　제가 찾아 드리지요? 그럼 할머니 댁이 어디십니까? K구 G3동인데! 그러면 전화국, K은행 아십니까? 응!~ 그 뒤에 우리 집이 있어! 전화번호는요? 집에 아무도 없어, 그러면 할머니 댁에 모셔다 드릴까요? 손 사레 치시며 아니야! 할아버지를 찾아가야 돼! 그렇지 않으면 혼이나! 아이고! 이걸 어쩌면 좋으냐?

　그럼! 할아버지가 어디에 계신데요? 할아버지하고 노인 복지관에 가다가, 내가 볼일이 있다고 말하고 헤어졌어, 복지관에서 기다릴 거야! 앵!~ 그러면 어디에 있는 복지관? 할머니! 할아버지하고 같이 다니시는 복지관이 어디에 있는데요? 전철타고 내려서 다니거든, 아파트가 많이 있던데! 할머니! 사시는 곳에서 전철을 타시고 할아버지와 함께 노인 복지관에 매일 다니십니까? 응~응~

　하!~ 그러면! 한참 후에 감이 잡힌다! 할머니! 할아버지하고 전철 타고 내려서 얼마나 걸어가십니까? 금방 가던데! 그러면! 전철역 근처에 있는 노인 복지관이라! 할머니가 이곳에서 헤매셨다! S역 근처가 확실시 되고! 출구 수는 단 2개뿐인데! 우리 관할 지역은 분명 아니고!

언젠가 이웃 관할 파출소에서 근무하면서, 출장 중에 지나치다가 공사 중인, 복지관인가 무엇인가가 기억 되었다. 직원을 불러서 구급차를 대기시키게 하였다. 그리고 이 할머니를 K구 K5동에 소재하는, 복지관으로 태우고 가서, 할머니께 보여 드리게!

만약! 할머니께서 이 복지관이 아닌데 하고, 말씀하시거든 할머니를 집에 모셔다 드려야 하니까? 할머니를 내려드리지 말고, 다시 사무실로 모셔 오게! 말하고 차를 출발하도록 하였다.

잠시 시간이 지나고, 우리 직원과 구급차가 돌아왔다. 밖에 나가 어떻게 되었나? 알아보고자 했었는데, 차에서 직원이 내리자마자, 말하기를 잘 모셔다 드렸습니다. 아~니! 어떻게 되었는데? 할머니가 차에서 내리자마자 할아버지께서 달려와 "할~멈! 어디 같다가 이제 와? 하면서 반갑게 할머니를 끌어안고 맞아 주더란,

할아버지는 할머니가 돌아올 시간이 지났는데도 돌아오지를 않아, 할아버지대로 걱정이 되었고, 어떻게 할 바를 몰라 초조하여 복지관 앞을 오고 가며, 건너편 S역 쪽을 바라보면서, 할머니가 무사히 돌아오기만을 애타게 기다리고 있었는데! 눈앞에 멈추어선 구급차에서, 할머니가 내리는 것을 보는 순간 얼마나 반가웠을까?

둘이서 손잡고

건강을 위한 실천

우리 몸의 모든 질병은 크고 작고를 막론하고, 우리가 먹는 음식에서 온다고 한다. 그러므로 우리가 먹는 음식을 잘 가려먹고 절제할 때 자신의 건강도 지킬 수 있다고 한다.

삼금(三禁) 삼식(三式 ,食) 이란 말이 있는데 우리가 먹는데 있어서, 세 가지 하지 말아야 할 것과 하여야 할 것 세 가지의 방식이 있다. 즉

三禁	三式(食)
過食(과식)	小食(소식)
速食(속식)	徐食(서식)
間食(간식)	禁食(금식)

절대 과식 하지 말고, 배불리게 먹지 말며, 조금 모자라게, 가능한 채소 같은 가벼운 것으로 먹을 것,

우리가 먹을 것을 눈으로 보고 마음으로 먹고자 결정할 때, 우리 몸 속의 위가 완전 하게 운동하는 시간은 (음식물을 소화 시키고자 하는 준비 포함하여)은 약 2시간이 요구된다고 한다.

따라서 급하게 음식물을 먹을 것이 아니라, 가능한 한 천천히 상대방이 있다면 대화의 시간을 가지면서 먹는 게 좋다고 한다. 하루 세끼를 먹는다고 할 때, 아침~ 점심, 점심~ 저녁, 저녁~다음날 아침, 사이에는 절대 위에 부담을 줄 수 있는 음식물을 섭취하지 말라고 한다. 그렇다면! 지금껏 우리가 우리 몸속에 있는 위를 생각해 본 적이 있는가?

우리 몸이 피곤하면 쉬고 싶다고 말하면서도, 내가 굴리고 다니는 자동차가 열 받았다는 것을 알면서 쉬어가겠다고 하면서도, 내가 지금 먹고 있는 음식물이, 나의 위에 얼마나 많은 부담을 주고 있는가를 돌이켜 본적이 있는가?

우리의 입으로 들어가는 것 모두가 위속으로 들어가지 않는 게 없는데 말이다. 위를 잠시 나마 쉬게 하자! 지금부터라도 위의 피로를 덜어주고, 우리의 생명 연장도 보장 받을 수 있도록 권장한다.

필자가 언젠가 중국 5천년 사 노인들의 건강비법 노래란 책을 읽어 본적이 있다. 그 내용 중 일부만을 잠깐 소개한다.

첫째: 환기를 들고 있는데, 문을 자주 열어서 실내의 공기를 순환 시켜라 (노인이 코를 만지작거리며 흥얼거리면서) 지극히 상식적이고 쉽게 실천할 수 있는 사항 아닌가? 신선한 공기의 중요성을 일깨워 주고 있지 않은가? 안에 가두어두고 고이게 하여 좋을 수 있겠는가? 공기 청정기 등이 있는 지금의 세상에서 그 시기를 보면 건강을 위한 커다란 발상의 전환이 아닐 수 없다.

둘째: 손수 옷을 지어 입어라, 글쎄! 어떻게 표현 하여야할까? 지금 생각을 해보면 그때 당시에는, 옷감도 흔하지 않고 구하기도 힘들 것 같기도 한데다. 낮에는 밖에 나가 일해야 하고 밤에는 희미한 등잔불을 켜고 손으로 바느질을 해야 했을 텐데, 또 하루 이틀 만에 옷을 다 지을 수도 없었을 것이다. 부지런 사람도 있을 것이고 게으른 사람도 있을 것으로 보아 부지런히 일을 열심히 하는 것이 건강에 좋다는 말로 맺자,

셋째: 태극권을 게을리하지 마라! 운동을 꾸준하게 열심히 하라는 말로알고 남녀노소 누구든지 살아 움직이는 한 자신의 신체조건에 맞는 운동을 실천할 것을 권면하고 있다.

가볍게 산책하는 것부터 달리는 것, 운동기구를 이용하는 것 외의 것과 요가와 같은 정신적인 심신단련 등 여러 가지가 있겠으나, 절대로 무리하지는 말아야 한다고 본다.

언젠가 추운 겨울 새벽에 출근해야 할 일이 있어 밖에 나가면 매일 5시에 80세가 넘은 노인이 "체력은 국력"이라고 붙인 러닝셔츠와 짧은 바지를 입고 큰길가를 달리고 있는 것을 보았다. 그런데 얼마 지나지 않아 그 노인은 나의 눈에서 사라지고 말았다.

어느 책을 보니까! 건강 하려면 동물과 같이 하라고 권장하고 있어서 소개한다. 개같이 잠자고, 거북이같이 앉고, 비둘기같이 걸어라! 상당한 일리가 있다고 본다. 그래서 이런 동물들을 관심을 가지고 관찰해보았다.

개가 잠자는 것을 보니까! 양지 바른 곳에서 앞다리를 쭉 펴고서는 그 위에 머리를 두고서는 세상 모르고 자고 있었다. 사람이 잠을 자려면 쓸데없는 근심 걱정 다 버리고 아주 편안하게 세상모 르고 깊은 잠을 자는 것이 건강에 좋다고 본다.

거북이같이 앉자 라고 해서 거북이가 큰 돌 이나 모래위에 앉는 것을 보니까 다리와 배를 땅에다 대고 몸을 최대한 편안하게 엎드리고 있었다. 일을 하거나 길을 간다가 잠시 쉬어야 한다면 망설이지 말고 가까이에 있는 쉴만한 공간이나 의자에 앉아서 최대한 편안하게 쉬는 것이 건강에 도움이 된다고 본다. 어느 회사에서는 직원들의 사무용 의자 1개가 몇 백만 원 짜리를 구입해서 편안함 과 일의 능력을 높인다고 한다.

비둘기같이 걸어라, 비둘기는 걸음을 걸을 때 발바닥을 쫙 펴가지고 종종걸음으로 먹이를 찾거나 운동을 하다시피 한다. 보폭을 지나치게 넓게 하거나 빠른 걸음이 그렇게 좋은 것이 아닌 것 같다.

비둘기는 땅에 있을 때 가만히 있지를 않고 계속 부지런히 움직인다. 가만히 있지만 말고 움직일 수만 있다면 운동한다고 생각을 하고 행동하는 것이 건강에 좋다는 가르침의 하나가 된다고 본다.

추운 겨울날 관찰을 했더니 발이 시린지 한쪽 발을 들어 가슴 털 안에 잠시 두었다가 교대 적으로 반복 하고 있었다. 비둘기도 살아가는 지혜가 있구나! 라고 생각을 하게 되었다.

내가 만난 이 시대의 명의들

이번 회 에는 내가 만난 이 시대의 명의와 나를 황당하게한, 유명한 의학 박사님에 대하여 써보고자 한다. 나는 어떻게 되었는지, 이 시대의 관련분야, 유명한 전문의와 한의사 몇 분들과 인연을 하고 있다. 그분들의 공통점은, 돈과 명예와는 아무런 연관을 가지지 않고, 자기 본래의 분야에서 부단히 공부하고, 주어진 사명에 충실 하고 있다는 것이다.

환자의 상태를 물어보지 않고, 자기 스스로 진단하고, 환자의 정확한 병명을 알아내는 것이고, 가장 짧은 시간에 처방을 내는 것이고, 환자의 경제사정 등을 고려하여 가장 쉽고, 자연적인 치료 방법을 가르쳐 준다는 것이다.

그래도 선생님! 약을 주셔야지요? 말하면 그러지요! 말하면서 약을 처방하고 약값이 비싸다고 하면, 그러면 형편대로 내시지요라고 말씀 하신다. 아니면! 조금 깎아주시지요하고 말씀드리면, 그렇게 하시지요 라고 말한다.

언젠가 아이를 대리고 신경외과 분야 제일이라고 하는, Y의대 교수님을 찾은 적이 있었는데, 아이를 일으켜 세워 진찰을 하는데, 그만! 아이가 실례를 하고 말았다. 황당하고! 미안한 마음이 들어 치우려고 하자! 그냥 두시지요? 괜찮습니다! 라고 말씀하시고는, 아주 정밀하게 한참을 진찰 하더니만, 아~직! 아이가 어려서 무어라고 말씀 드릴수가 없군요! 다음 기회에 다시 뵈었으면 좋겠군요? 라고 말씀하시었다.

나는 간호사 에게 다가가서 수가를 치르려 했더니, 교수님께서 보시고는 제가 무엇을 한 게 있어야지요? 그냥 돌아가시지요라고 권유하여, 감사하다는 인사를 하고 돌아온 적이 있다.

또 한 번은 시골 부모님들께서 손자를 보고 싶다고 하여 상경 하셨는데, 작은 아이와 1년차라 집사람이 힘든 것을 보시고, 며칠이라도 큰아이를 시골에 두고 싶다고 하여, 가시는 길에 딸려 보낸 적이 있는데, 마음이 놓이지 않아 하루에도 몇 번씩 전화를 하면 아무 이상이 없었다.

한 사흘이 지났을까, 밤10시가 훨씬 넘어 갑자기 시골 부모님께서 전화가 왔다.

애비야! 큰일 났다! 하시는 말씀이, 낮에 까지만 해도 멀쩡하던 아이가, 사지가 퉁퉁 붙고, 아프다고 울기만 하는데, 아이의 몸에 손을 대려 하면, 기겁을 하면서 죽는다고 소리 내어 울면서, 옆에 오지도 못하게 한단다.

아! 어떻게 하나, 나는 그날 당직 근무라서 직장에서 전화를 받았는데, 급하기는 하고, 사정 변경을 하고 시골로 가려하니, 지금 같으면 차라도 있지만, 그 당시 자가용 가진 사람이 얼마 안 되던 때였다. 택시를 타고 영등포역에 갔더니만, 23시50분발 광주행 막차가 있어서 다행이었다.

새벽에 시골집에 도착 하여 아이를 보니 눈시울이 붉어 졌다. 온몸이 퉁퉁 부어있었고 나를 보자 아빠! 아~파! 빨리 집에 가자하며 울고만 있었다. 오직 견디기 힘들었으면 저러 했을까! 그 어린 나이에도 우리 아이는, 넘어져서 머리에 상처가 나고 피가나 병원에 가도, 다리를 다쳐서 절룩거리는 한이 있어도, 절대로 울지를 않는 강직한 아이였다. 나 또한 그렇게 아이를 단련 시켰다.

날이 밝기만을 기다려 있다가, 이른 아침부터 아이를 데리고, 정읍에서 괜찮다는 한의원으로, 병원으로 가보았지만 병명을 모른단다. 할 수 없어서 고속버스를 타고 서울에 도착하여, 집 가까이에 있고 괜찮다는 일반 종합병원에 아이를 데리고 갔더니만, 장당 일 만원 하는 X레이사진만 수없이 찍더니, 판독한바 이상이 없다면서 아이가 엄살을 부린 고 말을 한다.

하도! 어이가 없어서 다른 병원에 같더니, 피 검사를 해야 한다면서 피를 뽑더니만, 다음 날에야 결과가 나온 다나 어쩐나, 할 수 없어 아이를 대리고 집으로 돌아왔는데, 아이가 아파 죽는다고 하니 어찌할 도리가 있어야지!

아이와 함께 꼬박 밤을 새우고 하도 답답하여! 전북 부안 출신으로 Y

의대를 나와 K대학 에서 박사 학위를 받고, 소아과 전문의로 병의원을 하고 있는 C선배와 안면이 있는 연고로, 아이를 데리고 찾아갔더니만 아주 반갑게 대해 주었다.

선배님! 내 아이를 좀 봐주시오? 말 했더니만! 그~래! 하며, 아이의 웃옷을 걷어 보고 이곳저곳을 살피더니만. 정확한 병명을 말해 주었다. 이것은 X레이를 찍어서 알 수 있는 것이 아니고, 최근 (2개월 전)에 프랑스 학자에 의해서 학계에 보고 된 것으로 "알레르기 자반 증"이라고 진단했다.

치료 방법은 아이를 입원시켜 치료 하여야 하는데, 내가 병실이 없어서 그러한다면서, 내가 써주는 소견서를 가지고 Y의대 세브란스 병원 특이체질과 K교수를 찾아 가란다. K교수는 이 분야 전문가로서 고향이 같고 하니, 잘 대해줄 것이라고 말하여, 소견서를 가지고 병원에 찾아가서 K교수 진료실 앞에서 제아무리 문을 두드리고, 소리를 쳐봐도 아무런 대꾸가 없었다.

보이는 게 있어야지! 치료비도 넉넉하지 않으면서, 아이를 살리겠다는 젊은 혈기로, 문을 부수려고 하니까, 방안에서 간호사가 나오면서 하는 말, 왈! 당일 환자 진료는 오전 7시 이전에 접수하여 진료 한다나 어쩐다나! 어찌할 도리가 있어야지, 선배의 소견서고 뭐고 필요가 없었다. 다시 아이를 데리고 소아과 선배한테 찾아가서 선배님! 사정이 이러 합디다. 선배님이 좀 봐주시오?

저녁에는 내가 집에 아이를 대리고 갔다가, 낮에는 아침 일찍 병원으로 나오겠다고 말했더니만, 그렇게 해보자 하면서, 간호사를 시키지 않고, 넓지도 않은 병원 한쪽 모퉁이에, 환자를 눕혀서 진찰할 때 쓰는 침상 같은 것을 손수 준비했다. 계절적으로 날씨가 추워지기 시작하는 때라, 선배님께서 난로를 챙겨 피우고, 주사처방을 하고, 바쁜 가운데서도 수시로 아이의 상태를 살피었다.

당시 선배님의 소아과에는 소아 환자뿐만 아니라, 늙으면 어린애가 된다고 하는 말이 있는데 사실이 그럴까? 노인들과 내과 질환자 까지 많은 환자들로 북적대었다. 정성을 다한 선배의 진료로, 아이는 통원 치료한지 몇 일만에, 병이 완쾌 되었다.

내가 그때 느낀 것 이지만! 의사가 환자의 상태를 살펴보고, 아주 짧은 시간에 병명을 알아내지 못 한다거나, 환자나 보호자한테 이것저것 물어보는 의사는 확신이 가지 않는 의사로……. 날로 변해가는 질병에 대하여 연구하거나, 관련 전공분야 학술 세미나 참가나, 학술분야 공부를 게을리하는 의사로, 환자나 그 보호자는 생각을 달리해야 한다고 말하고 싶다.

언젠가 퇴근해서 큰 아이를 데리고 내가 살고 있는 화곡동 집 가까이에 있던 꽤 알려진 H종합 병원에 간적이 있었는데, 내과 과장이 진찰을 하더니만, 아이가 심장병 같단다. 큰 대학 병원에 데리고 가야할 것 같다고 말을 한다. 순간, 가슴이 철렁하고 앞이 캄캄해지더니, 아찔하면서 제정신이 아니었다. 한참동안 숨을 고르고 나서 아! 어떻게 하나!

심장병은 수술비가 수천만 원 이던 때이고, 특이한 병인데, 몇 백 만 원의 전세금으로는 턱도 없고, 그렇다고, 인 친척 누구한테도 돈을 빌릴 만한 형편도 못 되고, 직장을 나간지가 얼마 되지 않아 은행에서도 빌릴 수도 없고!

다음날, 서울시 의약과에 파견근무 나갔던 인연으로 알게 되었던, 형님한테 사연을 말했더니, J박사님을 소개 하면서 찾아가 보아라고 말했다. 다음날 J박사님을 수소문 하여 아이를 데리고 찾아 갔다.

J박사님은 초대 한국 심장병 학회장을 역임하셨고, 우리나라에서 심장병 분야 일인자라고 불리었던 분으로 한남동에 있던 S대 교수이시며, 동 대학 교수분들로 구성된 크리닉스 내과분야를 맡고 계셨다. 그분의 사무실 이자 진료실에서, 3시간가량 아이와 함께 기다리고 있었다. 박사님께서 오시더니 오래 동안 기다렸지요? 인사말을 하고, 진료할 때 입는 하얀색 가운으로 옷을 갈아입고서는, 진찰실로 아이를 데리고 들어 오란다.

병원에 가면 의사가 환자나, 보호자한테 환자에 관하여 여러 가지를 물어보고 하는데, 문진을 한다나 어쩐다나, 그래서! 나는 박사님이시고, 의사 선생님 아닌 교수님한테, 아이의 병 증세에 관하여 말씀 드렸더니만,

왈! 키가 160cm 정도가 채 안 되고, 마른 체구에서, 꽥~액! 내지르는 소리에 아이고! 놀라라! 지금! 누가 물어 보았습니까? 당신 직업이 소방관 인데, 화재현장 에서 주민들 말을 듣고, 저기에 물을 뿌려 주시오, 여기에 물을 뿌려 주시오 하면, 그 말을 듣고 화재 진압 합니까? 아이고! 할 말 없어라! 고개를 조아려 죄송합니다. 라고 사과의 말을 했다.

너무 심하게 말했나 하는, 표정을 지으시더니만, 아무 말도 더하지 않고, J박사님은 이내 곧 청진기로 아이의 가슴, 배 부위진찰을 시작했고, X레이검사, 초음파 검사 등, 세밀하게 몇 시간동안 검사를 했다. 지금 초음파 검사라고 말하지만, 그 당시에는 첨단 고가의 의료장비로, 우리나라에 많이 보급되지 않았었다.

J박사님의 초음파 의료기기는, 14인치 tv 크기의 3/1이나 될까 하는 것으로서, 의사가 환자의 몸 부위에, 기기의 스틱을 같다 대면, 사람 몸 속이 화면에 나타나고, 필요한 화면을 선택하여 버튼을 누르면, 그 부분이 우편엽서 정도크기의 흑백 사진이 되어 찍혀 나왔다. 이것을 본 순간 임산부의 배속 아이도 볼 수 있겠구나, 생각을 했는데, 몇 년 되지 않아서, 아들, 딸을 구분하는 도구로 쓰여 졌다.

신기한 의료기기에 의한 진료비는 얼마 될 것 이며, 이것저것 진찰비가 얼마나 나올까, 걱정이 되었다. 검사와 진찰이 다 끝나고 J박사님은, 제가 판단컨대 심장병이 아닙니다. 제3자가 판단하면 확실하지요! 오늘 오시기를 잘 했습니다. 심장병은 촉각을 다투는 병이니까요! 가족들이 얼마나 가슴을 졸이고 있겠습니까? 책상위에 놓인 전화기를 내밀면서 전화하란다.

　걱정으로 수심에 잠긴 얼굴 표정을 보았을까? 한참 후, J박사님은 앞에서 화를 내어서 미안합니다! 라고 사과의 말을 하였다. 우리나라 사람들은 성질이 급해요! 강단에서 강의를 할 때 학부모들이 와서, 무슨 놈의 강의가 그러냐고? 말을 하면서! 강단에서 끌어 내릴 때가 있습니다.

　현직에 계십니까? 묻기에 예라고 대답했다. 간호사를 부르더니만, 이것만 계산하라고 지시하였다. 인사를 하고 아이를 대리고 진찰실을 나왔다. 진료비 계산을 하는데, 간호사가 말하기를 사진 값만 계산 하라고 말씀 하셨습니다. 기억나기로는 지금 돈 만 칠천 원 정도를 치른 것 같다.

함께 하는 삶

　이제 지루 하다 못해 고루했던 장맛비는 우리들의 이웃에게 또 하나의 상처를 가져다주었다. 이제는! 무더워도 좋다! 쨍! 하는 햇볕만이라도 보았으면 좋겠다고 하는 날씨가 계속될 차비를 하고 있다.

　한동안 우리 카페를 접어두고 세상 속으로 들어갔다. 오래 만에 나와 보니 그동안 연재 하던 나이테의 세상사 이야기를 무엇으로 올려보나 하다가 이것을 선택하게 되었다.

　이 이야기는 지금 으로부터 오래전에 미국의 한 주에서 있었던 실화이다. 기 알고 있는 동문들도 있을 것으로 안다.

　두 친구가 있었는데 이들은 한때의 불행으로 고아원에 수용되었고, 그곳에서 같이 생활하면서 미운 정, 고운 정, 서로가 서로를 잘 알게 되었고, 한 형제와 다를 바 없이 성장하게 되었다.

　이제 이들이 고아원의 규정에 의하여 그 보호 시설을 떠나게 되었는데, 이들이 정들었던 고아원을 나서던 날! 정문 앞에서 서로 손을 잡고 어루만지며, 헤어지기가 퍽이나 아쉬웠던지! 우리 이제 헤어지면 지금부터 몇 년 후 몇 월 며칠에, 서로 만나자 약속하고는 뒤돌아보지도 않고 각자 앞만 바라보고 걸어갔다.

그 후! 몇 년이 지났는데도 한 친구는 세상 생활에 적응하지 못하고, 나날이 구걸을 하다시피 떠돌이 노숙 생활을 하면서, 자아 비관을 일삼고, 한적한 공원 같은 데서 쭈그리고 앉아서, 먼~ 하늘만 보며 원망만 하게 되었다.

그러던 어느 날! 공원의 벤치에서 음식물을 먹는데 깔개로 쓰이고, 버려진 지방 신문을 주워들고 읽는데, 신문의 한 기사 제목이 유독 눈에 들어왔다. 내용을 자세히 읽고 또 읽어 보았더니 그 고아원에서 같이 생활하고, 정문 앞에서 자기와 약속을 하고 헤어졌던 그 친구가 틀림없었다.

아! 과연 내 친구는 성공 했구나! 나의 이 꼴이 무어람 하면서, 그 친구를 찾아가서 지금의 자기 실정을 말하고, 당장 조그마한 쪽방 한 칸이라도 얻고, 새로운 일자리를 찾는데 필요한 최소한의 돈을 도움 받고자 친구의 회사로 찾아 가게 되는데.

친구 회사 정문을 통과하려 할 때, 정문 근무자가 어디를 가느냐고 물어보자? 아무개가 내 친구인데 만나러 간다고 말하자, 근무자가 위아래를 훑어보고는, 별 미친놈 다 보았네! 여기가 어디인데! 말을 하며 다른 데 가 보라고 하며 쫓아내고 말았다.

그 다음에도……. 그래서 그 친구는 회사정문 가까이에 숨어 있다가,

친구가 지나가면 만나보려고 벼르고 있었는데, 마침! 그 친구가 승용차를 타고 정문 앞을 막 지나려 하자 쏜살같이 뛰쳐나가, 그 차를 가로 막고는 아무개 야! 나 아무개다! 나 아무개야! 하며 큰 소리를 치자, 정문 근무자가 뛰쳐나오고, 운전자가 차에서 내려 실랑이를 하자! 차에 타고 있던 친구가 상황을 살펴보니 아니! 자기 친구 아무개가 아닌가?

그래서 차에서 내려 친구를 태우고는 차를 돌려 자기 집무실로 갔다. 아니! 자네가 웬일로 이렇게 찾아왔나? 반가이 인사를 나누고 한동안 서로 이야기를 주고받았는데. 사장인 친구는 성공하여 5개의 회사를 가지고 있었다.

그래서 이 친구는 그간의 자기가 자포자기 했던 것을 말하고는, 오늘 자기가 이 곳에 온 것에 대한 사정이야기를 하자, 흔쾌히 받아주고는 친구한테 말하기를 조건이 있네! 자네 할 수 있겠지? 암 할 수 있고 말구! 그러면 3가지를 말하겠네!

첫째 : 예수를 영접하게!
둘째 : 술. 담배는 끊게!
셋째 : 열심히 일하게!

말을 마치고 필요한 만큼의 돈을 빌려주게 된다. 그리고 우리가 만나자고 한날 그 장소에서 만나게 되면, 자기의 한 개 회사를 친구에게 주겠다고 약속하게 된다.

그 후! 친구로 부터 빌린 돈으로 조그만 한 거처를 마련하고, 직업을 얻을 때까지 사용할 쌀과 부식, 간이 취사용기를 샀다.

이 친구는 마음을 가다듬고 그 까짓것! 술 담배는 끊으면 그만이고! 예수는 교회에 나가 믿으면 되고! 건강하니까 열심히 닥치는 대로 부지런히 일하면! 우리 만나기로 한 그날이 오면 나도 한 개의 회사가 생기고, 사장이 되는데 못 할게 없지! 하며 다음날부터 일거리를 찾아 나섰다.

거리에 써 붙인 구인 광고를 보게 되는데, 페인트 공을 모집 한다는 내용이 있었다. 그래서 모집 광고지를 손에 들고, 그곳을 찾아가 보았더니 판자 집 같은 가정집이었다. 위치를 확인하고 다음 날, 일 할 곳을 찾았다는 가벼운 마음으로 아침 일찍 일어나, 그곳에 갔더니 그 집주인들이 일어나지도 않았다.

한참을 기다렸더니 여주인이 나와서 말하기를, 우리 집 일은 10시가 되어야 시작한다고 말하자, 그러면 기다리겠다고 말 했다. 그러자 여주인이 기다리는 시간은 임금을 쳐주지 않는다고 말하자! 그래도 기다리겠다고 말하고 집 마당에서 서성이는데,

그 집 하수구에서 물이 마당으로 흘러드는 것을 보았다. 주위에 엉성한 잡풀들이 나있고 고랑이 메꾸어 있었다. 그래서 무뢰함을 달랠 겸 풀을 매우고, 하수구 고랑을 치웠다.

시간이 되어 집주인이 나와서보자 주변이 변한 것 을보고, 이 친구를

흔쾌히 사용하기로 결정을 하게 되었고, 매일 일을 하면서도 세심하게 구석구석 손이가지 않는 곳이 없이 페인트칠을 했다.

당시 이곳은 판자 집들이 많아 일감도 많았는데, 이친구의 꼼꼼한 일처리가 입에서 입으로 소문이 나자, 많은 집들이 이곳에 일감을 몰아주다 시피 하여, 사업이 날로 번창하게 되었고 다른 몇 개 주에까지 사업을 확대하게 되었다.

이 친구는 예수를 믿기 위해 교회에 나갔는데, 그때의 현실이 신발을 훔쳐가는 일이 종종 있었기 때문에 교회에서는, 옷차림이 남루한 그를 보고 신발이라도 훔치려고 하는 것 아닌가하고 경계를 했다.

그러나 그는 돈이 없어 헌금은 하지 못하더라도, 몸으로 헌신을 해야겠다고 마음먹고, 성도들이 어지럽게 벗어놓은 신발을 정돈하고, 교회 안팎을 깨끗이 청소하고, 손질하는 데 정성을 다하였다.

그러자 교인들은 한때 그를 의심했던 것을 회개하였고, 전 교인이 이 친구를 모르는 교인이 없었다. 이렇게 열심히 신앙생활을 하며, 일터에 나가 일을 하는데 어느 날 갑자기! 자신이 일하는 페인트 회사 사장이 세상을 떠나게 되었다.

사장이 숨을 거두며, 어느 주에 있는 회사를 이 친구에게 주어라고 그 가족들에게 유언을 남기게 되었다. 그래서 그는 회사 사장이 되었고, 앞에서 말한 친구와 만나기로 한 날짜가 되어 약속된 장소로 나갔다.

두 친구가 만나서 친구의 집무실로 가게 되었는데, 그간의 여러 가지 이야기를 나눈 후, 먼저 성공한 친구가 내가 자네와 약속한 대로 한 개의 회사를 넘겨주겠네! 라고 말하자 이 친구가 말하기를 그렇게 머 있나? 나도 사장인데!

그렇지 말고! 우리 자네와 내 회사를 합쳐서 복지재단을 만들면 어떻겠는가? 거 좋겠구먼! 이렇게! 전쟁과 가난한 세상의 어려운 고아들을 위한 세계적인 복지재단이 만들어졌다고 한다.

이 재단은 6.25 한국 전쟁 후 우리나라에도 도움을 주었다는 이야기가 있다.

그런데! 친구 집무실에서 모든 이야기가 끝나고, 먼저 성공한 친구가 자네한테 줄 선물이 있네! 하며 몇 권의 책을 내밀면서 자~보게! 하는데,
세상에 이럴 수가 아니! 그 책 내용이 보고 문서로 되었는데, 자기가 언제 어디서 무엇을 어떻게 했는지가 세밀하게 적혀 있었다.

친구가 말하기를 놀래지 말게! 이것들은 내가 자네와 고아원을 나온 후로, 사람을 두어 자네가 행하는 모든 기록을 남겨 두었네! 저기 쌓여 있는 게 전부 다네! 필요하면 가져가게! 그의 집무실에 몇 권이 아닌 몇 개의 캐비닛을 가리키며 말하였다.

친구는 너무 감동 하여 눈시울을 적신 나머지 그만 흐느꼈다고 한다.

지성(至誠)이면 감천(感天)

휴가철도 막바지에 접어들었는데도 무더운 날씨가 계속되고 있고, 예기치 않았던 집중호우로 고향에서는 서글픈 소식이 들리고 가슴이 아프다. 추워지기 전에 빨리 복구가 되었으면 하는 바램 이 크지 않을 수 없고 우리 까-페도 요즈음 더위를 먹었는지 시원치를 않아 조금이나마 실망이 자리를 잡고 있다.

누가 들와 봐도 괜찮다 말할 수 있고, 수준 있는 카페를 내세우고 있는, 나로서도 어깨가 무겁다. 앞으로 시간이 나는 데로 기획 적으로 부족 하지만, 깊은 물위 외나무다리를 건넌다는 마음의 자세로, 한 문장씩 위 제목으로 올려 볼까한다.

단 정치적인 것, 선정적인 것, 개인을 선전하는 등의 싸구려 글을 철저히 배제할 것이며, 간혹 나 자신의 전문적인 안전과 환경에 관하여는 심도 있게 표현하고자 한다. 아울러 여러 선후배님들의 관심과, 여러 동문들의 적극적인 참여 많이, 우리의 카페가 날로 발전해 갈 수 있다는 것을 다시 한 번 부탁드린다.

지성이면 감천이라는 말을 우리 모두 들은 적이 있을 것이다. 그러나 실질적으로 체험했거나, 주위에서 쉽게 보지는 않았을 줄로 안다. 나는 1995년 6월 30일 저녁7경, 여러분이 잘 알다시피, 서울 서초구 법원단지 앞에 소재한, 삼풍백화점 붕괴사고 현장에서 1개월 동안 상주하면서, 현장에서 일어나고 있는 여러 일들을 볼 수 있었다.

그로인하여 내 인생에 있어서, 그해 7월 한 달을 몽땅 잃어 버렸다. 지금도 그해 7월의 서류를 간혹 찾다가도, 아차! 나의 실수! 그때 그랬구나 하면서 돌아 선다. 그때 사무실에서 만들어진 서류는 아무것도 있을 리 없다.

여러분께서는 방송을 통하여 아니면 신문을 통하여 생생하게 현장을 보았을 것이다.

일본에서 왔다는 제일교포라고 하는 이는, 열을 받아 흥분했는지 우리를 붙잡고, 일본기자들의 취재를 못하게 해달라고 간청을 했다. 지금 일본이 자기나라 방송을 통해서, 우리나라 망신을 주고 있다고 말했다. 그들도 한때 도쿄지진으로 위신을 크게 손상한 적이 있지만,

나는 그때 현장에서 사람이 산다는 게 무엇이고! 죽는다는 것이 무엇이며! 생과사의 갈림이 무엇인지를 알게 되었다. 또한 우리가 저 세상에 가면 한줌의 흙이 어떻게 된다는 것도 알았고,

인간들은 그저 말할 수 있다 하여, 짐승의 표피를 가죽이라고 말하면서 질긴 줄만 아는데! 사람이라 하여 가죽이라고는 말 못하고, 그저 미화시켜 피부라고 말한다. 그런데 이 피부가 얼마나 질긴지도 눈으로 직

접 보았다.

그런 연고로 인하여 지금의 나는 돈 있다고, 권세 있다고, 주먹 세다고, 내 눈앞에서 얼쩡거리는 사람들 한 번 쳐다보면 그만이다. 나는 맨 마지막 시신인 457구째를 발굴 한 적이 있고, 지성이면 감천의 결과가 무엇인지를 보았다.

몇 달 전 에 업무 차 건설 현장을 방문 한 적이 있는데, 그곳 책임자가 나더러 그때 현장에 있었느냐고 묻기에 그렇소. 라고 말했다. 그때 첫 생존자가 자기와 가까운 친구라 하면서 말을 끄집어냈다.

그래서 그 친구 죽었다는 소문이 있던데라고 말했더니, 펄쩍 뛰면서 아니요! 지금! 서울 강남지역 본부에 근무하고 있는데요! 말하기에 그래요! 라고 말했다. 나는 한수 더 떠서, 그 친구 만나거들랑 작은아버지 되시는 분께, 항상 감사하는 맘으로 살라고 말해 주라고 했다.

어느 신문에서 얼핏 보았던 것 같은데, 삼풍백화점 사고 현장 앞에서 주유소를 경영하던 분이, 사고가 발생하자마자, 하루에 몇 억 원의 매출도 마다하고, 행방불명된 가족을 찾고자 하는 사람들에게 장소를 제공했다. 말하면서 다시는 이러한 사고가 나지 않았으면 하는 바람이라고 말하는 것 같았다.

우리 잠시 초등학교 몇 학년은 모르 것고, 그 시절로 돌아가 도덕책에 있었던가? 국어책에 있었던가? 그것도 아리송하고 한데. 달밤에 형제가 서로 사랑하는 맘으로, 볏단을 형은 아우네 가리에, 동생은 형의 가리에 옮겨놓는 아름다운 이야기를 읽은 적이 있을 것이다.

삼풍백화점 붕괴사고가 있은 다음날, 이 주유소 마당에 나이50 이 넘게 보이는 남자 한 분이 텐트를 치고 자식을 찾고자 하는 심정으로 애를 태우고 있었다.

며칠 동안 밤낮없이 밤에는 불빛이 꺼지지를 않았고, 속속 들어오는 현장 소식을 귀 기울여 전해 듣는가 하면, 구조대의 활동하는 곳을 기웃거렸고, 옆에서 보면 체면이고, 그 무엇이고, 다 필요 없다는 듯 보였고, 구조대원들에게 무엇을 가져다줄까요? 말하며, 그들의 심부름까지도 마다하지 않았다.

그분의 동생 되는 분이 직장에서, 밤늦게 돌아오는 길에 간식거리를 사들고, 형을 위로하고 잠시 쉬게 하기 위한 다고 하나, 제정신이 아닌 형이 가만히 있을 리가 있겠는가? 말리지 못하고, 보다 못한 동생이 그만 자기가 다니던 직장을 사직하고, 형을 옆에서 가까이 위로하고 큰집 조카 자식 시신이나마 찾겠다고 발 벗고 나섰다.

밤 낮없이 119구조대 작업 현장에 필요한 물품을 정신없이 나르고, 행여 시신이 발굴되면 확인하고 하는데, 현장 대원들이 감동하여 힘든 가운데서도 친절하게 대해 주었다.

이러한 형제의 의리와 정성에 하늘도 감동 했는지, 최명석군은 십 며칠 만인(본인기억 16일) 아침 8시경 극적으로, 119구조대에 의해서 무사히 구조 되었다.(본인현장에 있었음)

   이야기를 마치자면은 처자식 있는 가장이, 형제의 의리 때문에, 노부모님들의 걱정을 덜어드리기 위하여, 잘나가는 직장을 그만 둘 수 있겠는가? 이다. 나는 이 형제 이야기를 널리 알리고 싶어서, 마음에 담아두고 있다가 우리카페에 처음으로 올려놓는다.

고정관념 (固定觀念)

우리가 직장 생활을 하면서 전통을 앞세워, 당연하게 관습 법이라도 이행 하여야만 하는 것처럼 처신을 할 때가있다. 이러한 전통이 변화되는 것을 조금이라도 허용해서는 안되는 것처럼, 사람의 머릿속에 가두어 버리고, 시간이 지나감에 따라 확고하게 굳어버리는 생각으로, 계속적으로 이어지기만을 기대한다는 것은, 변화되어가는 세상에서 적응하기란 쉽지가 않다.

따라서 전통성 그 근간이 크게 흔들리지 않을 만큼의, 시대적 현실에 맞는 변화를 허용되어야 한다고 본다. 그렇다고 낡은 생각이라 하여 타파(打破)하자는 것도 아니고, 이를테면 적극적 사고(積極的思考)로의 전환의 필요성이 되었으면 한다.

언젠가? 중견 기업인 어느 회사 사장과, 사적으로 형님동생 관계로 잘 알고 지내는 사이라서 회사를 방문했더니만, 사장이 중국 출장 중에 급히 연락을 받고, 귀국했다고 말을 하였다.

자리에 앉자마자 단단히 화난 목소리로 남색 니트 하나를 내어 보여주며, 이것 보아라! 이 물건이 어디가 어떻게 이상하냐? 나한테 물어

보기에 이리 보아도, 저리 보아도, 소비자 입장에서 아무런 이상함을 발견치 못했다.

그래서 잘 만들어졌는데요! 하고 말을 했더니, 너무 잘 만들어 졌지? 라고 말하기에 그렇다고 말을 했더니! 그게 문제란다. 사장은 출국 하면서 공장장을 사무실로 불러서, 수주문건 내용대로 차질 없이 처리해 주시오! 라고 명령을 하고 중국에 있는 공장에 출장 갔었는데!

공장장이 이 분야 30여 년의 경력자였다. 수주 문건을 보니! 옷감을 뒤집어서 하시오! 로 되었는지라, 세상에! 옷감을 뒤집어서 제조하라니! 이것은 젊은 것들이 잘못된 거야! 세상에! 옷감을 뒤집어서 만든 옷이 어디에 있어! 라고 말하고서는 자기 판단대로 만들고야 말았다.

납품기일이 되어 하도급을 준 회사에서 검수팀 담당이 나와 봤더니만, 황당하고 질색을 하면서! 사장한테 전화 연락을 하고 빨리 와서 결정하라고 하여, 급거 귀국해서 종업원들 야간 잡업까지 시켜서, 수출하는 날짜를 촉박하게 맞춘 적이 있었다.

급하게 귀국 하자마자! 곧장! 공장으로 가 공장장을 불러서, 수주 문건을 가지고 오라고 하여 확인 하여보니, 분명히! 옷감을 뒤집어서 만들어 달라는 작업내용이 있는 것을 확인하고, 공장장! 주문 내용을 확인하고 작업을 하였느냐고 물어보니? 확인은 했는데! 내용이 이상하여 이것 잘못 되었다 생각하고, 평상시 하던 데로 작업을 진행하였다고 말을 하였다고 한다.

사장 형님 하시는 말, 하라고 하는 대로 할 일이지! 왜! 자기 맘대로 했느냐고? 화가 나 있었다. 이것이 고정 관념이고, 변화되어야 할 하나의 중요한 사례를 말해주고 있다. 작금의 현실에 민감하게 대처하지 못하면 개인이나, 직장이나, 사회나, 국가나 할 것 없이 발전을 더디게 하고, 앞서가려고 노력하는 자에게 기회를 뺏기게 될 것이다.

아이고! 늙으면 죽어야 되야!

이게 무슨 말인가?

우리 할아버지 할머니께서 속이 하도 답답할 때면 흔히 쓰는 말로써 친근감이 들 정도다. 80의 년 세가 다되신 할머니 한 분이 허루스럼한 몸 빼 옷을 입으시고, 사무실로 들어오시면서 거두절미 하시고, 연거푸 답답함을 호소하시듯 하신다.

나는 자리에서 일어나, 할머니 잠시 자리에 앉으세요? 의자를 권하는데도, 자리에 앉으면서도, 아이고~다! 할머니 무슨 일이 있어요? 제가 도와드릴 테니 맘 편히 앉아서 천천히 말씀하세요!

할머니 왈! 어쩌면 좋을까-라?
누가 여기로 가보라고 해서 왔 시라-
할머니 무슨 일인데 그 라요?
거시기! 나가 청소하고 문밖으로 나왔더니만, 현관문이 잠겨 버렸으라- 어떻게! 안될 까라-
할머니 걱정 마시요!
제가! 문 열어 드릴께 라! 고-맙 시요!

할머니를 우리 소방차에 태우고 할머니 아파트로 갔다.

할머니께서 아파트 동은 여기 같다고 말씀 하시는데, 몇 호 인줄 모른다.

난감하다.

아이고! 나도 답! 답! 할머니는 더 답! 답! 하신다.

그래 서!

할머니? 몇 층에 사세요?

응~ 3층!

그러면! 어디쯤이 할머니 사시는 집이세요?

응~ 맨 갓집 같아!

차를 세우고는 아파트 4층으로 곧바로 올라가서 출입문 옆 인터폰 벨을 눌렀다.

집안에서 누구세요? 라는 응답이 있어서 간단하게 신분을 밝히고 용건을 말했다.

잠시 후 출입문이 열리고 아주머니 한분이 밖으로 나왔다.

아주머니! 잠깐만요? 죄송하지만!

아래층에 사신다는 할머니라고 하시는 분이 밖에 계시는데, 확인 좀 부탁드릴까요?

요청 했더니 문밖으로 따라 나오셨다.

잠시 후! 이 할머니 우리 집 아래층 사세요라고 말을 했다.

우리는 4층에 사시는 아주머니한테! 자초지종을 말하고 협조를 구하였더니 친절하게 승낙 해주었다. 아주머니 댁의 보일러실 창문에 로-프를 설치하고 아래로 내려가 문을 열어드렸다.

 나중에 알아낸 사실이지만, 할머니 아들, 며느리, 손자들은 해외 이주를 가면서, 집이 팔리지 않아 비워 놓을 수가 없어서 시골 모친한테 맡기고 급하게 떠나 버렸단다.

 47평 아파트에서 아무것도 모르는 시골노인 혼자서, 먹으면 얼마를 먹고, 잠을 자면 어디에서 어떻게 잘까? 창 너머 보이는 것은 바로 앞 다른 아파트 동 일께 더 있나? 시장이 어디에 있는지? 바깥 세상을 알 수 가 있나! 감옥 아닌 감옥살이 아닐까?
 늙어서 이렇게는 되지 않았으면 한다.

어느 형제의 이야기

형제가 어릴 때는 같이 살다가 성년이 되어서, 각자 직업을 얻어 각각 헤어져서, 동생은 이것저것 해보다가 하는 일이 잘 안되자 L. A로 이민을 갔고, 그 형은 서울에서 공직 생활을 하게 되었는데, 이민을 간 동생은 현지에서 열심히 노력해서 안정적인 생활을 하게 되었고, 형은 형대로 조직에 잘 적응 하게 되어 열심히 살아가게 되었다.

이들 형제는 자주 왕래 하게 되었고, 동생 집을 방문하게 된 형은 그 곳에서, 살아가는 우리 교포 사회와 미국 L. A주 정부의 정책 등에 관심을 가지고 많은 것을 알게 되었다.

그 곳에서 부부가 싸울 때는 집 밖으로 소리가 나지 않게 해야 하고, 목 놓아 울 때는 두꺼운 이불 속에서 울어야 한다는 것과, 그러하지 않으면 이웃의 신고로, 경찰이 출동하고, 세금을 많이 내야 한다는 것도 알게 되었다.

그 후 동생이 서울에 사는 형 집을 방문 하게 되었고, 형은 동생을 대리고 시내 이곳저곳을 안내 하면서 구경시켜 주었다. 형은 동생에게 서울의 남산을 구경시켜 주고자, 시내에서 택시를 잡아타고 가서, 남산 타

워에서 서울의 전경 등을 바라보면서, 이런 이야기 저런 이야기를 하다가, 시간이지나 점심을 먹고 돌아오게 되는데, 갑자기! 내리던 소나기가 멈추질 않고 계속 내리자, 형제는 난감하게 되었고 지나가는 택시도 없었다.

한참을 기다리다가, 형이 어디론가 공중전화(그 당시 휴대폰이 없었음)를 하였다. 잠시 후! 형이 다니는 직장에서 관용 차량이 그들 앞에 멈춰 섰고, 형이 아우한테 선심이나 쓰는 양, 애~! 이차타자! 라고 말하며 차문을 여는데, 동생이 말하기를, 형! 나 이차 타지 않을래. 라고 말하며, 승차하기를 정면으로 거부하자, 형이 말하기를 너-왜이래! 라고 은근슬쩍 화를 내게 되었다.

그래도! 동생의 의지는 강했다. 형! 그 차 그냥 돌려보내, 나! 그냥 걸어서 갈래……. 쏟아지는 빗속에서 관용차를 앞에 두고 운전자가 보는 데서, 형제가 이렇게 옥신각신 하기가 민망하자 형은 그냥 차를 돌려보냈다. 그리고! 형제는 비를 맞으며 길을 걷게 되었는데,

동생이 형한테 말하기를 형! 왜! 그래! 그 차가 형 차가 아니 잖아? 관용 차량을 형 맘대로 사적으로 사용해도 되는 거야! 제발! 그렇게 하지를 말어! 형이 동생으로부터 이 말을 듣자, 마음속으로 화가 나기도하고, 한편으로는 창피하기도 하고 해서, 꾹! 참고, 형제는 서로 아무 말이 없이, 그 비를 몸에 다 맞으면서, 남산 아래 버스정류장까지 걸어와, 버스를 타고 집에 갔었단다.

큰 것과 작은 것의 차이

　유명한 어느 대학교에서 학생면접을 하는데, 면접교수가 학생한테 물어보기를 한강물을 됫박으로 퍼내면 몇 됫박이나 될까라고 물어 보았단다. 학생이 망설일 것도 없이 즉각 대답하기를 한강만한 됫박으로 한 됫박이면 되지요라고 말 했단다. 이만하면 명답중의 명답 일거다.

　요즈음 들어 우리 사회에서는 00 복지재단 이라 하여 회사, 공기업, 단체, 개인 등이 주체가 되어 사회 봉사활동 하는데, 비용전부를 부담하고 자원봉사자들의 협력으로 무의탁노인과 결식아동 일요일 급식지원 사업, 주거환경 개선 및 재가 돕기(청소, 목욕, 이미용, 수선등)그리고 일사일촌 돕기 등 다양한 프로그램을 실천하고 있다. 사회변천에 따른 복지사회에서 매우 바람직스러운 일이라고 하겠다.

　국내 공기업인 KT&G에서도 복지재단을 운영하는데, 매주 토요일 17시면 우리 관내 수혜 대상자들을 위하여, 박 과장은 어김없이 내 사무실로 온다. 그 시간이면 자원 봉사자들도 나와서 각자 자기 담당 노인과 학생들에게 전달할 물건을 챙겨 가지고 나간다.

　오늘은 1단 12개들이 배 와 6개들이 맞춤상자 여러 개를 차에 싣고 와서 사무실에 내려놓았다. 모래가 설날이라서 자매결연 농촌에서 구입한 것으로, 큰 것은 자원봉사자에게 감사표시로. 작은 것은 수혜자에게 전달할거라고 말한다.

이상하다 싶어 아니! 어째서 수혜자에게는 작은 것을 주고, 자원봉사자에게 큰 것을 주느냐고 물어 보았더니? 무의탁(독거)노인들이 혼자 먹기에는 양이 많다고 하여, 절반만 담을 수 있는 상자를 주문 제작하여 포장 했다고 한다.

나는 이 이야기를 듣고 은근히 화가 나면서 실오라기 같은 한숨이 나왔다. 왜! 혼자 이어야 하고 그렇게만 살아가야 하는가? 늙어서도 남의 도움을 받아야만 하는가? 그렇게 생각하는 게 작단 말인가?

많다고 말하지를 말고, 많으면 그동안 이웃에게 신세진 갑돌이 엄마를 불러서 몇 개 나누어 주면 좋아라 할 것이고, 돌이 녀석을 불러서 몇 개주면서 집에 가지고 가서 형제끼리 나누어 먹어라 하면 얼마나 좋아할까?

와!~ 할아버지도 할머니도 없어서 그렇지 있으면! 우리들에게 무엇인가를 주려고 하는 구나라고 말할 턴데 말이다.

돈을 가마니로 벌었다는 사람들

여러분은 돈을 가마니(당시는 마대 자루가 생산되지 않아 지푸라기로 만든 쌀가마니를 말함)로 벌었다고, 스스로 말하는 사람을 몇 명이나 만났는가? 나는 지금껏 2명의 당사자들을 만난 적이 있다. 한 사람은 잠깐 만나서, 긴 시간을 같이 못해서 조금만 소개하기로 한다.

80년 9월경 전북 김제에 볼일이 있어, 그곳에서 하룻밤을 지낸 후 다음날 서울로 오기로 되었는데, 갑자기 그만 사정변경이 되어, 밤10시가 넘어서 급히 이리 역(지금의 익산 역)으로 열차를 타고자 갔는데, 마지막 열차는 떠났고, 새벽 첫 열차를 타고자 기다리고 있었다.

어떤 중년의 남자가, 지금 서울에 가실 분 없느냐고 말을 하기에 내가 나서서 가겠다고 하였다. 따라 오라고 하여 갔더니, 30대의 중반으로 보이는 한 젊은이를 소개해 주었다. 서울을 가는데 혼자가기가 심심하여, 같이 가면서 말벗이나 하고자 한다면서 잘 되었다고 말했고, 그는 새 봉고 트럭을 가지고 있었다. 물건을 배달하고 수금을 한 후 서울로 가는 중 이라고 말했다.

그와 이런 이야기 저런 이야기를 하면서, 호남 고속도를 경유하여 경부 고속도로를 운행하고 있었다. 오면서 휴게소 2군데를 쉬어왔는데, 내가 미안해서 음료수라도 사주겠다고 말을 했더니! 아-니! 제가 사드려야지요! 하면서 자기가 값을 지불하였다.

그는 시골에서 무작정 상경하여, 이것저것 다 해보다가 하도 되는 일이 없어서, 밤에 남산에 올라가 자살을 해버릴까도 고민한 적이 있었단다. 그러던 차에 이번이 마지막이라고 각오하고는, 어느 조그만 한 휴지 만드는 공장에 들어가서 열심히 일을 하게 되었고, 몇 년 후 자신도 종업원 몇 명을 둔 사장이 되었는데, 그에게도 결정적인 기회가 왔단다. 바로 돈을 가마니로 벌게 된 계기가 되었다고 한다.

우리가 잘 알다시피 1973년에 세계적인 에너지 파동이 일어나서, 우리 주변에서는 연탄이 모자라서, 저질 연탄이 판을 치고, 휴지는 그야말로 저질 휴지라도 없어서, 팔지를 못했던 때다. 그렇다! 주어지는 기회는 붙드는 자가 주인이 된다.

87년 5월경, 업무 차 관내 출장을 하게 되었는데, 당시 변두리(지금은 서울에서 알아주는 신시가지가 되었다) 치고는 아주 한적한 곳에서, 화공약품 도매상을 하고 있던 분을 만났다.

언뜻! 주인의 언행과 상(像)으로 보아, 이 계통에서 일할 분이 아니었다. 잠시 차 한 잔을 하면서 이분과 이야기를 나누면서 어떻게? 이 일을 하게 되었는지를 물어 보았다. 고등학교에서 교편생활을 하다가 정리하고, 70-80년대 강남에서 잘나가는 유명학원 국어 강사로 활동 하였는데, 돈도 많이 벌었다. 사람들이 말하는 가마니로 벌었다 할 정도는 된다.

80년대 초 새로운 정권이 들어서면서 모든 것을 접고 쉬는데, 제자(弟子)로부터 선생님 요즈음 어떻게 지내십니까? 선생님께서 손수 하실만한 일이 있는데! 한번 해보시면 어떠할까 한대요라고 말을 하기에, 그의 권유를 받아들여 시작하게 되었고, 재미도 있고 할 만하기에 일을 한다고 말했다.

이후 이분과 친밀감을 같게 되었는데, 어이! 이곳으로 출장하거든 꼭 들였다 가게? 내가 자리에 없어도 직원한테 일러 놓을 테니! 차 한 잔하고 가게나? 이렇게 하여 그분에 대하여 더 깊이 알게 되었고, 많은 이야기도 하였다.

이분이 사는 이웃에, 이 시대의 충신 정몽주라고 하던, 80년대 초 출범 정권의 실세 전북 옥구출신 J씨와 위아래 집에 사는데, 이분이 아침 일찍 일어나 이웃 골목 청소는 손수 다하고, 반상회 때에는 빠지는 일이 없고, 이웃들에게 부담과 불편을 준다하여, 집 부근에 초소도 설치치 못하게 하고, 만나면 항상 반가운 얼굴로, 이웃 사람들에게 먼저 인사를 한단다.

이웃 할머니들이 공터에 심는 식물에 대하여는, 아침저녁으로 관심을 가지고, 물을 주고 벌레도 잡는데, 한번은 바쁘실 텐데 이렇게 정성을 다 합니까? 하고 물어 보았더니 글쎄요! 이 식물이 잘 자라지 않거나, 죽거나하면, 우리 어머님과 어르신들께서 얼마나 상심 하실까 해서, 손을 보고 있습니다. 라고 하더란다.

이분이 J씨에 대하여 막강한 권세가 이고해서, 이웃하는데 불편을 겪겠구나하고 선입감을 가져, 하필이면 나와 위아래 집을 하는가? 하고 부담감을 가졌는데, 막상 같이 지내다 보니 자신의 생각이, 잘못 되었다는 것에 대하여 미안하게 생각한다고 말했다.

이분과의 만남에서, 나는 새로운 처세술을 알게 되었다는데 또 하나의 의미가 있다. 말 한마디와 행실의 가치는 물질로도 치를 수 없다는 것이다.

나와 만나서 헤어질 때면 오늘 퇴근하지? 하면서 파란 배추 잎 한 장 단돈 1만원을 내민다. 퇴근 할 때, 집에 들어가면서 애들 과일이나 사가지고 들어가! 처음에는 내가 황당하여 손으로 뿌리치기도 했는데, 그러지마! 그럴 줄 알고 봉투에 담지도 않고, 딱1장 이렇게 내미는 거야!

지금! 이 시간에도 곰곰이 돌이켜 보지만, 왜! 하필이면 다른 말 모두 버려두고, 애들을 챙겨줄까? 그래서 나도 이와 같이 시행해 보았다. 차비 하라고 하면서 몇 만원을 주면 받지 않더니, 딱! 1만원을 내밀면서, 아이들 과일이나 사가지고 들어가게 하면, 생각이 달라지는 것을 볼 수 있다. 가마니로 돈 벌은 사람은 이렇게 돈 쓰는 것도 아는 걸까?

나이테의 세상보기

1. 될 대로 되라지.

어제 (5월13일) 9급 공무원 공개채용 시험 현장에 감독관으로 다녀왔다. 요즈음 세상이 다 그렇듯 경쟁률이 어떤 직군계열은 194대1, 평균이 117대1 이라고 한다.

1개 시험실(교실)에 30명이 입실하여 시험을 치르는데 4개 시험실에서 1명의 합격자가 나온단다. 당일 시험실에 시작 전 30분전에 입실하기 시작하여 10분전에 응시자 주의사항과 문의사항 질의가 끝나고 정시(11:00)에 시험이 치러진다.

어떤 친구는 시험시작 전 10분, 5분, 2분전. 허겁지겁 뛰어 들어왔다. 어떤 친구는 시험 시작2분이 지나서 왔다. 그러면서 저~이제는 안 되겠지요? 한숨을 쉬기에 그의 해 당실 감독관이 판단 할 사안이니까 빨리 가보라고 하고는 시험실을 안내한 후 감독관 에게 사정 해보라고 말했다.

그 친구가 어깨 힘이 축 처진 상태로 돌아가는 것으로 보아 감독관으로 하여금 정중히 거절당한 것 같았다. 그런데 이렇게 제 시간을 지키지 않고 헐레벌떡 들어오는 친구들이 기회를 얻어 시험을 치르면 합격하는 사례가 있다.

이들이 이렇게 하여 직장을 얻게 되면 어떻게 직장 생활을 할까? 그럭저럭 될 대로 되라지 이렇게 생활한다는 습관이 있다. 자고로 머리에 든 지식만이 능사는 아닌 것 같다.

2. 며느리한테 잘 뵈어야 히~어

무척이나 심한 황사현상이 걷히고 화창한 어느 봄날 오후 3 시경, 나이 70을 목전에 둔 두 노파가 간선도로 중앙 버스전용 정류장에서 내려, 신호등을 받아 길을 건넌 후 태영 플라자 상가 앞을 막지나 나의 앞에서 길을 가고 있었다.

둘이서 이러쿵저러쿵 세상사는 이야기를 하는데, 한 노파가 말하기를 요즈음엔 며느리한테 잘 뵈어야 히~어, 그래야만 용돈도 타 쓰고 맛있는 것 얻어먹을 수 있어 라고 말하자,

옆에서 듣고 있던 다른 한 노파가 응~ 그리어!! 나도 화가 날 때도 꾹! 참고 며느리한테 잘 뵈려고 걸레 빨아서 청소도 하구, 밥 때가 되면 밥도 할 때가 있어…….

이것이 세상사 현실이 되었다. 어쩌면 노인들의 생활 철학이 되었다. 우리는 어떻게 할 것인가?

어느 가수가 부르던 노랫말에 아~~ 어~쩌 란 말이냐 이것을....

3. 사람이름

사람 이름이란 게! 얼마나 소중한가를 잘 알지만은, 우리 아이가 남의 아이들한테 웃음거리가 될 수 있는 이름은 사용치 않는 것이 좋을 성싶다. 내가 서로 만나거나 전화하면서 그냥 웃고 지내는 친구가 있다.

부모님이 형제를 두었는데, 아이들 이름을 지을 적에 장수하고 복 받아 잘살라고, 큰 아이는 만수라고 하고. 동생은 천수로 하였는데. 성씨가 하자라 놓아서 동생 이름이 "하천수" 이렇게 되니 이게 무엇이 됩니까? 구정물, 오염된 물이 되지요? 이 친구한테 전화하면! 전화 받으면서 저~ 구정물입니다! 하면 이상하다 싶어 예~라고 하면, 아! 하천수, 응~! 하면서 서로가 깔깔깔 웃는다.

또한 친구는 형은 만식이인데 동생 이름은 충식이고. 성씨가 우 씨라, 그래서 동생 이름이 우충식인데, 한자로 말하자면 벌레 먹은 소가 된다. 벌레 먹은 소 잘 있었나? 오래간 만일 쎄! 라고 말을 하면 나! 벌레 먹은 소 아니야~라고 한다. 그러면! 이름을 바꾸어야지? 하 하 하! 또 한 번 웃고 만다…….

4. 산다와 판다

우리가 살아가면서 남으로부터 미움을 사서 손해 볼 때가있고, 친절을 베풀어 덕을 볼 때가 있다. 말 한마디로 천 냥 빚을 갚는다는 말이 있듯이, 사람의 언행의 가치 또한 손익을 가져다준다. 똑같은 크기의 가게가 나란히 위치하고, 똑같은 물건을 진열하고 있다. 어느 날! 손님이 물건을 사기 위하여 가게에 들어왔다.

산다가게 주인은 손님이 들어오자 자리에서 일어나 어서 오십시오! 무엇을 찾으십니까? 물어보고 여기에 있습니다. 말하고는 손님이 물건을 고르게 하고 뒤에 서서 지켜만 보고 있다가,

손님이 요것저것 고르면서 만져 보고 놓고는, 이것! 말고는 없느냐고 묻자? 그것 말고는 없는데요! 라고 말하자 손님이 가게 밖으로 나가 버렸다. 손님 머리 뒤에다 대고 쳇! 사지도 않을 거면서, 어지러 놓기만 했네! 에~이 재수 없어! 라고 말을 했다.

판다가게 주인은 손님이 들어오자, 어서 오십시오! 밖에 날씨가 더웁지요? 라고 말하며, 선풍기 앞으로 안내하고는 잠시 있다가, 무슨 물건을 찾은 신지요 라고 물어 보았다.

그리고 물건 있는 곳으로 같이 가서는, 이것저것 골라 보여주고 했으나, 손님이 마음에 들지 않는다고 말하자, 손님! 그러면 이러한 것도 있는데 어떠하신지요? 라고 손님께 권했으나, 손님이 맘에 들지 않는다고 말하자!

고개 숙이며 정중하게 손님! 죄송합니다! 다음 기회에 다시 뵈기 바

랍니다. 안녕히 가십시오, 라고 인사말을 건넸다. 이것이 우리 주변에서 볼 수 있는 하나의 현실이다. 그리고 장사 잘한다는 이웃 나라의 이야기 이기도하고,

오늘날 우리 상거래가 변천한 것을 보면은 고객 제일주의, 고객 감동주의, 요즈음은 고객 기절 초풍주의를 지나 앞으로는 고객을 재미나게 하라 주의가 될 것 같다.

저번에 어느 연구 보고서를 보니까! 손님은 말을 하지 않는다. 다만 나가 버리면 그만이다! 라고 말하는가 하면, 물건 값이 싸다고 사는 시대는 지났다고 말한다.

고객의 취향과 수준에 맞는 질 좋은 상품을 생산하고, 진열하고, 보다 친절한 판매를 하지 않으면 안 된다고 본다. 또한 시대 변화에 뒤처지거나 변화를 두려워해서는 안 될 것 같다.

다시 태어나도 이 직업을

언젠가 업무 차, 확인 할일이 있어서, 퇴근 후 야간 업소에 들린 적이 있다. 한참을 기다리다가 40대 중반의 업주를 만나서, 몇 가지 사항을 파악한 후, 그와 대화를 하는 중에 자기 고향이 전라도 고창이고, 집은 화곡동에 산다 하면서, 자기가 이방면의 술집을 상당히, 오래 동안 하면서 큰돈도 벌었단다. 그리고 지금도 이 장사를 하지만은, 자기가 다시 태어나도 이 장사를 하고 싶다고 말했다.

이 사람이 말하는 술장사 비결은, 술집을 몇 군데서 하면서, 똑같은 술집을 하는 게 아니라, 당시 한 곳에서는 스텐드바 를 또 한 곳에서는 룸살롱을, 그리고 한 곳에서는 자기 나름대로, 시대의 변천이 요구되는, 새로운 방식의 술집 형태를, 같은 업종에서 맨 먼저 시험 삼아 시도 해 보다가 그게 적중하면 수입이 줄어드는 스텐드바 를, 당장 최신식 인테리어로 바꾸고, 새로운 술집형태로 장사를 한다.

이러한 방식을 시도하는 그는, 어떻게 보면 아주 뛰어난 이 계통에서 앞서가는 사업가임에 틀림없다. 그리고 요즈음 흔히 말하는 상상력을 앞세운 블루오션 전략이라고나 할까? 이 사람이 이렇게 돈을 벌어, 자기 처가 집에도 도움주고 또 자기가 다니는 교회에 헌금도 한단다.

어느 날 아침, 자기 집 앞길로 큰 트럭이 들어오면서, 자기의 집 대문 문설주 위 콘크리트 비 가리개 구조물을 들이 받았는데, 이 구조물에 옆집 고급승용차가, 그만 날벼락을 맞았단다. 분명히 아무리 생각해봐도, 자기 집 앞에 세워둔 본인의 고급승용차가 박살나야 하는데, 어떻게 이런 일이 발생했을까?

생각해보니, 자기가 믿는 예수님이 도와주었구나! 라고 돌이켰단다. 아! 이렇게 열심히 성실하게, 자기가 하는 일에 최선을 다한 수입 일부를 헌금하는 것의 결과가 그렇구나…….

70을 넘어 백발이 성성한 할아버지께서, 영업용 택시를 운전하고 있다. 기사님 아닌 할아버지라고 불렀다. 또 하나의 세상사는 이야기가 시작된다. 할아버지께서는 동족상잔의 비극이 있던 와중에 혼자서 무작정 월남하여, 남한에서 닥치는 대로 일하면서, 운전기술을 익히게 되었고 이일로 인하여 오늘도 운전을 하신단다.

한때는 한시 택시도, 개인택시도 가져 보셨고, 지금은 영업용 택시를 운전하는데, 자식 둘을 대학까지 가르쳐서 괜찮다는 회사에 취직을 시켰고, 할머니와 둘이서 아파트에서 사시는데, 늙은이가 하루 이틀 허구한 날, 놀기도 그렇고 잠도 없고 하니, 시간 나는 대로 운전을 하신단다. 돈 벌어서 할머니와 단둘이 여행도 다니고, 손주 녀석들 용돈도 준단다. 운전 하시는 게 그렇게 좋습니까? 물어보았더니 그~럼! 난 다시 태어나도 운전할 거야…….

다시 태어나도 이 직업을

할아버지 운전자께서는, 30년 이상 무사고 운전자로 인정받기도 하셨다고 하여, 무사고 운전 비결이 무엇이라고 생각하십니까? 물어 보았더니 글~세! 무어라고 말할까? 나는 말이야 3차선이 있으면, 1차선은 길가 라서 차에서 사람들이 타고 내리고, 장애물을 만나고 하여 신경이 쓰여서 피하고, 3차선은 반대쪽에서 마주 오는 차량이 중앙 차선을 넘어올까 신경이 쓰여서, 손님이 무어라 말하던 말든, 고집스럽게 2차선만 운행하는 습관이 있어 라고 말씀하셨다.

언젠가 외국에서의 30년 이상 무사고 운전자의 비결에 대하여 알아보았다. 외국에서의 무사고 운전자는, 자기 차를 중심으로 하여 앞에서 가는 차 3대, 뒤에서 오는 차 2대, 그리고 양옆에 각각 1대의 차량에 대한 운전자의 심리를 파악하면서 안전 운행을 한다고 한다.

나는, 아! 그럴 수도 있구나! 라고 판단하고, 교통방송에 무사고 운전 비결이 있다! 라는 내용의 글을 보내어 방송 된 적이 있다.

회상(단상)

필자는 1980년 4월 서울 용산소방서에서 소방관 생활을 시작하여, 2014년 6월에 정년퇴직을 하였다. 지난 34년 동안 소방관 생활을 하면서, 기억에 남을만한 몇 가지 사실을 회상해 본다. 지금 생각하면 아! 이런 일도 있었나, 까마득하게 잊어가고 있는 일상생활 중 하나의 이야기다.

1. 앞벌이와 뒷벌이

80년 추운겨울 어느 날 이른 새벽, 나이 80이 넘은 듯한 할머니가 초소 안으로 들어왔다. 아이고 추워! 좀 쉬어가자! 초소 안 난로라야 구공탄 작은 연탄난로서, 열이라고 해야 간신이 추위를 견딜 수 있는 정도였다.

할머니! 어서 오세요! 앉아 있던 자리를 내어 할머니를 앉게 하고는, 잠시나마 편안하게 해드렸다. 지금은 시장을 보러 가면서, 바퀴가 달리고, 주머니가 있고, 손잡이가 있는, 끌고 다니는, 장바구니가 있다.

할머니는 용산시장 새벽 장에서 야채 등을 사가지고, 들고 가기가 힘들어 시장 주변에 버려져 있던, 낡은 가마니 한 부분을 이용하여, 물건을 그 위에 놓고는, 한쪽 부분에 새끼줄을 묶어서, 끌고 가다 쉬어가다를 반복하며, 초소 앞까지 도착했던 것이었다.

잠시 시간이 지나고, 나는 할머니한테 말을 건넸다. 할머니! 어떻게! 이 추운 날씨에 시장에 다녀 오시는 길입니까? 아들이 사업을 하였는데, 잘나가던 사업이 갑자기 부도가 났어! 그래서! 이런 궁리 저런 궁리를 다 해보았지만 일이 잘 안 풀려서,

아들은 며느리와 같이 난지도 매립장 가까이에 방 한 칸 얻은 후에, 쓰레기 매립장에서 앞 벌이로 일을 하게 되었지? 그래서 내가 아이들 뒷바라지 하고, 집안일을 하게 되었지!

아니! 할머니! 앞 벌이가 무슨 말씀 입니까? 그러니까! 쓰레기 매립장에서, 서울 시내에서 쓰레기를 청소차가 수집하여 싣고 오면 버리고 가는데, 거기에서 고물 같은 돈이 될 만한 것을 주워서 모아 가지고, 고물상에 파는 거야! 그런데! 쓰레기를 줍는 사람들이 많아, 청소차가 들어오면 서로 먼저 줍겠다고 난리법석이 된다고 해!

먼저 줍는 사람을 앞벌이, 뒤에 줍는 사람을 뒷벌이라고 하더군! 그래서! 아들은 누군가에게 손을 써서 앞벌이 일을 하게 되었지! 앞 벌이는 청소차가 쓰레기 매립장에 들어오면 쓰레기를 버리는데,

한꺼번에 짐을 부어버리는 것이 아니라, 몇 번씩 천천히 나누어 붓는데, 고물을 줍는 사람이 편리하게 도움을 준다고 해! 이렇게! 앞 벌이가 다 줍고 나면, 다음 차례가 뒷벌이 차례가 된다고 해! 다음은 어떻게 되는지 알 수 없어!

필자는 위에서 방 한 칸 이라고 표현 하였지만, 당시 현장을 방문한 적이 있다. 말이 방 한 칸이지, 천막 쪽 같은 낡은 천 조각으로 이어지는, 검은색 먼지로 가득 뒤덮인 공간이고, 누가 보면 어떻게? 저런 곳에 사람이 살고 있을까? 할 정도였다.

관할 소방파출소에서 현장 화재 출동이라도 하게 되면, 화재진압 후 귀소 중에 중간 중간 소방차를 길가에 세우고, 대빗자루로 파리 떼를 쫓아 내고를 반복하였다고 한다.

그때 당시! 간혹 쓰레기 매립장에서, 청소차가 사람을 치었다는 보도가 있었다. 현재는 쓰레기 매립장이었던 곳이, 나무를 심어 숲을 이루고, 야산이 되고, 난지도 하늘공원이 되고, 시민들의 휴식공간이 되었다.

2. 순진한 어느 택시 택시기사의 울부짖음

필자가 소방서에 처음 근무를 할 때는, 통금시간이 있었고 매일 오후 5시가 되면 국기 하강식이 있었다. 사소한 시비라도 있어 다툼을 잘 못 했다간, 곤욕을 치를 수 있었던 시절이었다. 필자가 처음 서울에 온 지가 얼마 되지 않아, 그때에 택시 승차 거부에 따른 조치가 있었는지는 알 수 없었다.

어느 날! 밤 11시가 조금 지나서, 택시 한 대가 초소 옆에 차를 세웠다. 잠시 후! 운전자가 초소 안으로 들어왔다. 택시 기사는 울먹이면서 말하기를 소방관님! 저 좀 도와주세요? 무슨 일입니까? 차안에 손님이 타고 있는데, 저 손님이 약간 술에 취한 상태에서 차를 탔습니다.

행선지를 말하여, 목적지에 데려다주었는데, 내리지를 않고 잘못 왔다고 말하며, 또 다른 행선지를 말하며 그곳으로 가자고 하여, 손님이 말하는 행선지로 갔습니다.

그런데도 손님은 내리지를 않고 잘못 왔다고 말하며, 목적지에 도착하면 택시비를 지급하겠다고 말하며, 다른 곳으로 가자고 하여, 손님! 택시비를 안 주어도 되니, 미안하지만! 내려만 주십시오! 라고 말을 해도 막무가내고 차에서 내려 주지를 않습니다.

통금시간이 얼마 남지 않았는데! 저! 손님 때문에 초저녁부터 지금까지, 돈 한 푼도 벌지 못했습니다. 저 좀! 도와주세요? 얼마나! 황당하고! 억울하면! 경찰파출소로 가지 않고, 큰길가 삼각지에 있는 소방 파출로 왔을까? 사실 그 당시에는 경찰파출소 수가 그렇게 많지 않았다. 그리고 소방관도 지금의 근무복이 아닌 군복을 입고 근무했었다.

나는 젊은 혈기로 초소 앞에 세워진 택시로 다가갔다. 그리고는 차 뒷문을 과감하게 열어 젖혔다. 이봐! 차에서 내려 봐! 라고 말하고는, 30대 후반으로 보이는 사내를 과감하게 끌어 내렸다. 이후! 사건은 내가 알아서 할 테니! 택시 기사한테 빨리 가서 일을 보라고 말했다.

택시기사와 말하는 사이, 차에서 내린 사내는 곧바로 건물 모퉁이로 사라졌다. 그리고 일이 끝나나 싶었는데! 한참 후에! 그 사내가 초소로 돌아왔다. 나더러 왜? 택시를 돌려보내었냐고 따지는 심사였다. 이봐! 당신 나한테 지금 시비를 거는 거냐? 당신 행위가 당연한 처사인가? 그럼 좋다! 목소리가 높아졌다.

내가 당장에 관계 기관에 정식으로, 당신의 행위를 신고하겠다고 말하고는 전화기를 들었다. 전화기를 드는 순간! 이 사내가 왜? 이러느냐고 하면서! 나의 손을 붙잡았다. 지금이 어느 때인데? 정신 좀 차려라고 호통을 쳤더니! 잘못했다고 말하고는, 돌아왔던 건물 모퉁이로 사라져 버렸다.

3. 우연이란 없다

하루 일정을 마치고 차카바를 덮으려는데, 불현듯 머리를 스치는 것이 있다! 그때! 왜? 구로 소방서에서 양천 소방서로 갑자기 인사 발령이 있었을까?

내가 소방관 생활 34년을 하면서 4개 소방서를 2번 이상 근무했는데, 구로 소방서는 창설 멤버이고, 119구조대 창설 멤버다. 그리고 20여 년을 근무했다. 그래서 애착을 가지고 최선을 다하여 열심히 일을 하였다.

언젠가! 소방서 자체 행사가 있었다. 구로서 후배들이 삼삼오오 모여 있는 곳, 옆을 지나가는데, 얼굴을 모르는 젊은 후배가 혼잣말로, 임상기가 누구야! 라고 말을 한다. 아마도 나에 대한 이야기들을 하고 있는 것 같았다.

또 한 번은 행사가 있어서, 각 파출소에서 차출한 직원들을 인솔한 적이 있었다. 소방서에 입사한 지가 얼마 안 된 것 같았고, 키가 훤칠하고, 체격이 좋고, 인물이 좋아! 선배로서 맘에 들었다.

　이 친구에게 내가 말을 걸었다. 자네! 내가 누구인지 알고 있는가? 라고 말을 하자마자 아! 그럼요! 우리 소방서 신화적인 분인데요! 내가 순간적으로 깜작 놀라서 아니야! 난 그런 인물이 아니네! 누구한테 그런 말을 하지 말게! 라고 말하면서도 은근히 기분이 좋았다.

　아! 우리 후배들이 나에 대하여, 좋은 인상을 가지고 있구나! 라는 생각을 가지게 되었고, 감사한 마음을 가지게 되었다. 그래서! 이곳에서 정년퇴임을 하겠다고 마음을 다짐했다.

　그런데! 얼마 남겨놓은 정년퇴직 시점에서, 인근 소방서로 갑작스럽게, 인사 발령이라니 황당하지 않을 수 없었다. 당시에 사실적으로 소방서장과 관계가 좋지는 않았지만! 이 정도는 아니었다. 그런데도 이상하지 않을 수가 없었다.

　이제야! 그 일이 생각하지도 않았는데, 갑자기 떠오른다. 34년 동안 소방관 생활을 하면서 마무리를 다 하지 않는 게 있어서, 그 마무리를 완성시키기를 하기 위한, 하나님의 뜻이 아닌가? 하는 생각이 퍼뜩 들었다!

　내가 소방관 생활을 하면서, 각종 크고 작은 화재진압 활동, 그리고 안전사고 현장, 재난현장 활동, 위험물, 가스 폭발현장 활동, 건물 붕괴 현장 활동을 할 만큼 했다고 자부하지만, 그게! 아니구나! 하는 생각 말이다.

　화재 진압 중 건물이 무너져, 안에 갇힌 상태에서 상처하나 없이 자력 탈출, 기름불 속에 갇힌 상태에서 머리털 하나 상하지 않게 하시고, 맨손으로 한 장도 아닌 여러 장의 불붙은 연탄을 제거하였는데도, 손바닥과 손가락 상처 하나 없게 하신, 초능력까지도 체험하게 하신 하나님!

　"네가 물 가운데로 지날 때에 내가 너와 함께 할 것이라, 강을 건널 때에 물이 너를 침몰하지 못할 것이며, 네가 불 가운데로 지날 때에 타지도 아니할 것이요, 불꽃이 너를 사르지도 못하리니" 성경 (이사야 43:2) 말씀에 의지하여 현장 활동을 담대하게 하였다고도 하나,

　아주! 험악한 화재 현장에서 화재를 진압하고, 그 불구덩이 속에서 인명을 구조하는, 제대로 된 화재 진압은 해보지 않았지 않느냐? 그러고도 자칭, 최고의 소방관이 되었다고 하느냐?

　이제 너를 그곳으로 보내노니, 너는 소방관으로서, 미완성을 이루도록 하라는 명령을 내리심이, 구로 소방서에서 양천 소방서로 인사명령 있었구나! 하는 것을 늦게나마 깨닫게 되었다. 이러한 내용의 사건이 정년퇴직 몇 달을 남긴 시점에서 실재로 발생 했었다. (이 책 내용 중 A씨의 황색고통이 그것이다),

　사건이 있은 후 얼마 되지 않아, 믿을 만한 공공단체로부터 당신이 현대 한국 소방을 빛낸 인물 300인에 선정되었다는 통보를 받았다. 나

회상(단상)

는 저 사람들이 어떻게 나를 알았을까? 그리고 인물 선정을 하였을까? 혹시 내가 서울 시민대상 자랑스러운 공무원상 부분을 수상해서 일까? 하는 생각만을 하고 있었다.

나는 정년 퇴임사에서, 후배들에게 자기 일에 최선을 다하라! 누군가가 보고 있고, 누군가가 다 듣고 있다고, 의식하라! 여러분도 이번에 나를 보았지 않느냐? 선배로서 다시 한 번 당부한다고 말을 마쳤다.

4. 안 되는 게 없어! 다 돼!

자! 자! 자! 잘 봐? 안 되는 게 없어! 다 돼!

초여름 어느 날 늦은 오후 4시경, 사무실 앞에 1톤 트럭 한 대가 멈춰 섰다. 40세 초반의 작업복을 입은 한 사내가 차에서 내려 사무실 안으로 들어섰다. 직원에게 말을 건 낸다. 외벽 패널 작업 마무리를 하려고 왔단다.

혼자서 작업하기에는, 어두워질 때까지 마무리하기가 쉽지 않을 것 같았다. 나는 자리에서 일어나 직원들한테, 전화 잘 받고, 나를 찾거든 화장실에 갔다고 말하라고 당부하고서는, 그 젊은이를 도와주려고 그가 작업하고 있는 현장으로 갔다.

젊은이는 한 손에 핸드드릴을 잡고 또 한 손에는 알루미늄 조각판을 붙들고서 작업을 하고 있었는데, 그의 손놀림이 보통이 아니고, 내가 보기에 고수급 이라고 판단할 정도로 신속하고, 정확하고, 속전속결로 일을 처리하고 있었다.

아뿔싸! 그의 한 손은 손가락 5개가 없는 조막손이었다. 일을 도와주고 잠깐 쉬는 커피 타임을 가졌다. 젊은이가 사연을 말했다. 작업을 하다가 불의의 사고로 손에 큰 상처를 입고, 한쪽 손 손가락 5개를 절단하는 수술을 받았다.

병원에서 여러 날 입원하여 치료하는 중에는, 상처가 빨리 낫기만을 바라는 심정이었다. 병원에서 퇴원한 후 상처 난 손을 보면서, 하루, 이틀, 사흘, 나흘, 몇 일간은 아무 생각 없이 보냈는데,

그 후 시간이 지나면서부터는 실의에 빠지게 되었고, 아! 나는 이제 어떻게 하나? 무엇을 하면서 살아가야 하나? 이 성한 손이 아닌 장애를 않고 살아가야 한다니! 생각하면 생각할수록 하염없이 눈물만 나더라,

나를 고용한 사장님께서, 너무 실망하지 말고 정신적, 육체적으로 빨리 안정을 되찾고, 건강을 되찾으라고! 수시로 격려를 해주었다고 한다. 모든 것이 정상적으로 안정이 되자,

사장님께서 어떻게 하면, 이 친구에게 일을 할 수 있게 할까를 고민하고, 발상의 전환을 가지고 적극적으로 그의 나름대로 연구하고, 직접적으로 실험을 해본 후, 용기를 내라며 일을 가르치기 시작했단다.

자! 봐봐! 안 되는 게 없어! 다 돼! 다 돼! 말씀을 하시면서, 이렇게 해봐! 저렇게 해봐! 하면서 끊임없이 격려를 해주셨고, 저는 열심히 실습을 하다시피 노력을 했죠! 이제는 옛날같이 하던 일을 거의 완벽하게 일

할 수 있답니다.

5월의 해는 지고 날이 어두워 졌다. 일이 끝나 연장을 챙겨주고, 트럭에 싣는 것까지 도와주었다. 젊은 친구가 차 시동을 걸고서는, 차에서 내려 정중하게 인사를 했다.

소장님께서 도와주셔서 오늘 일을 모두 마쳤습니다. 감사합니다! 오늘 고생이 많았네! 운전 조심하고 어서 가라고 말하고는, 그가 길모퉁이를 돌아갈 때까지 지켜보았다.

5. 노인들의 방범수칙

10월의 해가 지고 어둑어둑한 초저녁 퇴근길에, 관내 주요 관리대상 건물 순찰에 당하였다. 허스룸한 초소 안으로 들어갔다. 근무자는 순찰 중 이어서 자리를 비운 듯하다. 희미한 전등불이 켜져 있었다.

눈을 들어 초소 안을 살펴보았다. 자그마한 하얀색의 액자가 벽에 걸려 있었다. 검정색 사인펜 으로 쓴 삐뚤삐뚤 글씨 내용을 보니,『근무수칙』이라고 쓰여 있었다.

근무수칙 하나에 "방심하지 마라 당한다",
둘에 "변하지 마라 못 쓴다",
세 번째가 "욕심 부리지 마라 죽는다",
나는 한참동안 여러 번 읽으면서, 무엇 인가를 생각하기에 이르렀다.

아! 저렇게! 철학적이고, 경험 법칙을 말하여 주고 있구나! 라고 단정을 지었다. 나는 직장에 돌아와서, 어제 있었던 일을 직원들에게 이야기를 했다. 말을 전해 들었던 직원들 중 누군가가 나를 만날 때마다. 나에게 반장님! 반장님! "방심 하지마라 당한다"라고 말하면서 빙그레 웃었다.

나는 이 말이 신기하기도 하여, 수시로 곰곰이 생각해 본다. 우리가 살아가는 동안 직장에서, 가정에서, 꼭! 돌이켜 보아야 하고, 명심하여야 할 좋은 말씀 중 하나라고 판단했다. 지금까지 앞만 보고 살아가지! 방심하지 말라는 생각을 해보지도 못했다.

그렇다! 방심은 어떻게 보면 근무태만 일수도 있다. 방심은 후회 하고도 연관이 있다. 일을 당한 후에! 왜? 미리 준비하지 못했지? 생각하지 못했지? 정신 바짝 챙기는 것만이, 방심을 물리치게 하는 하나의 방법 밖에 없다.

필자가 언젠가 집 앞에서 자동차 트렁크를 열고, 전날 비에 젖은 우산을 펼쳐서 햇볕에 말리려고 차 앞에 놓아두고 차 안을 정리했다. 잠시 후! 옆을 지나가던 차가 멈추더니! 차 문을 열고 한사람이 내리더니만!

갑자기! 내가 펼쳐놓았던 우산을 접어들고는, 차를 타자마자! 곧바로 차가 급출발을 하였다. 황당하여! 차 뒤에다 대고 고함을 쳐 보았지만! 도둑놈의 차는 이미 길모퉁이를 꺾어 달아났다.

우산이 고급스런 내빈용으로 선물을 받은 것이었다. 누가! 사람이 있는데 우산을 가지고 잽싸게 달아날 줄 생각도 못했다. 나는 아! 이것이 바로 방심이구나! 방심은 이렇게 당하는 것이구나 하는 체험을 한 적이 있다.

두 번째 수칙 "변하지 마라 못 쓴다" 에서 변하지 않은 것은 생명이 없는 물체에 불과하다. 변화하여 좋은 것도 있지만, 변화하여 못 쓰는 것도 많다. 변한다는 것은 그의 순수성을 잃어버리는 것이다. 소금이 변하여 짠맛을 잃어버리면, 그 순수성이 없어져서 버려야만 하는 것이다.

갑작스럽게 변화하는 것일수록 그의 중요한 순수성을 잃게 한다. 초소 안의 노인 근무자들은 자신들만의 인간성, 순수성, 개인의 자아를 크게 변화하는 것을 두려워하고 있는 것 같았다.

세 번째 "욕심 부리지 마라 죽는다" 의 수칙에서 "성경 야고보서 1장 15절 에 "욕심이 잉태한즉 죄를 낳고, 죄가 장성한즉 사망을 낳느니라" 는 말씀이 있다. 욕심은 시작은 있되 그 끝은 없다. 그 끝이 다 한다는 것은, 죽음의 종말에 멈출 수 있다는 것이다.

그러면! 욕심의 시작은 어디에서 오는 것 일까? 자아의 일탈, 지나친 목표의식의 초과, 타인을 의식하지 않은 교만 등이 있다고 본다. 이렇듯! 초소 안에서 근무하는 노인들의 근무수칙은, 누구를 위한 것이 아닌 당신들만의 인생 노하우 일까? 나는 희미한 전등불만 켜진 노인들의 초소 안에서, 하늘만큼의 큰 가르침을 깨달았다.

6. 나와 우리에게 욕을 하지마라!

1987년 9월 어느 날! 나의 사무실에 50대 초반의 건장하고, 보통의 키를 가진, 순수한 옷차림의 한 사나이가 찾아왔다. 자기가 찾아온 목적을 분명히 말하고 협조를 구한다는 말을 했다.

잠시 기다리게 한 후 나와 함께 현장을 찾아 나섰다. 최신형 봉고트럭 새 차를 구입하였는지 임시 번호판을 달고 있었다. 차문을 열고 차에 오르자 새 차 냄새가 기분을 좋게 하는 느낌이 왔다.

소방서를 출발하여 갈월동 굴다리를 지나 서부역 건너편, 공덕동 로터리 방향으로 향하여 만리동 고개 시장부근에 차를 세우고, 차에 실린 시설물을 내려서 작업을 하게 되었다.

콘크리트가 덮인 땅을 깊이 50cm 폭 30cm정도 파고는 시설물을 설치했는데, 상당량의 흙과 잔돌들이 남게 되었다. 설치자가 가까이에 있는 노점상 할머니한테 다가가서 정중하게 예를 갖추고는, 쓰레기 받이와 빗자루를 빌려 왔다.

내가 보기에는 흙과 잔돌들을 한쪽 공간에 버려도 될 것 같은데, 주변을 아주 깨끗이 청소 하다시피 한 후, 자신의 새 차 적재함에 실었다. 이런! 양심을 가진 사람도 있구나 싶어! 물어보지 않을 수가 없어서 그냥 가까이에 버리지 않고, 새 차에 실었느냐고 물어보았다.

아니지요! 아무것도 아닌 것 가지고 남한테 욕먹을 일 있습니까? 그

회상(단상)

러하지 않아도 무엇 하나 조그만 한 꼬투리만 생기면 무조건, "전라도 놈들" 하고 세상 사람들이 듣기 싫은 말을 하는데,

저! 전라도 김제출신 이어서 전라도라고, 사업하는데 상당한 영향을 받고 있습니다. 그래서! 항상 남에게 신세지지 않고, 무슨 일이든지 최선을 다하려고 무진장 애쓰고 있습니다. …….

7. 추운데서 찾은 이웃
우리는 언제부터인가 추운 계절만 되면, 이웃 사랑이 어쩌고저쩌고 부산을 떨다가도 날이 따뜻해지면 시들시들해지고 마는 것을 해마다 보아왔다 올겨울도 그렇다.

지난달 추운 새벽녘 서울 Y구 S동 밀집된 단층건물, 가난한 이웃 여러 세대가 지붕을 하나로 하고 살고 있었는데 그만 화재가 발생하였다. 단잠을 자다가 놀란 세대 사람들이 가족과 함께 추위를 무릅쓰고 대피하였고 건물은 모두 타버렸다.

현장을 가보니 사람들은 추위도 잃어버린 채! 자기 가족을 확인하느라 정신들이 없었고, 쓸 만한 세간살이 하나라도 가지고 밖으로 나온 사람도 없었다.

얇은 이불 하나를 돌돌 몸에 감고 덜덜 떠는 50대 후반의 아저씨 한 분이 있었는데 그는 허겁지겁 이곳저곳을 찾아 다녔다. 그는 자기 가족을 어디에 대려다 놓았는지는 알 수 없었으나, 이곳에서 함께 살아가는

장삼이사 이웃들의 신변을 확인하고 있었다.

　아저씨 왈! 이 부위에 사는 신혼부부가 보이지 않는다고 말하고는 다른 곳으로 갔다. 한참 후 그 부부는 생을 마감한 채로 발견 되었다. 이웃을 챙기던 그 심정이 어떠했을까? 이웃사랑! 가슴 아픈 이웃사랑이 아닐 수 없어서 나이테는 그날 종일 기분이 매우 우울했었다.